Johann Gottfried Herder zur Einführung

Jens Heise

Johann Gottfried Herder zur Einführung

JUNIUS

Junius Verlag GmbH
Stresemannstraße 375
22761 Hamburg

Umschlaggestaltung: Florian Zietz
Titelfoto: Archiv Gerstenberg
Satz: Druckhaus Dresden
Druck: Druckhaus Dresden
Printed in Germany 2006
ISBN 3-88506-628-9
2. Auflage 2006

Bibliografische Information Der Deutschen Bibliothek
Die Deutsche Bibliothek verzeichnet diese Publikation in der Deutschen Nationalbibliografie; detaillierte bibliografische Daten sind im Internet über ›http://dnb.ddb.de‹ abrufbar.

Inhalt

Anhang

Einleitung: Herders kopernikanische Wende

Von den Schriften Herders liegt eine historisch-kritische Gesamtausgabe immer noch nicht vor. Auch das gehört zu den Umständen einer Wirkungsgeschichte, in der Herder merkwürdig anonym geblieben ist: Sein Werk gilt als ungewöhnlich einflußreich, zugleich wird es als unübersichtlich und als zusammenhanglos wahrgenommen. Zudem hat der polemische Ton gegen die »Schwefelblumen« der Transzendentalphilosophie Herder den Ruf eingebracht, sein Denken sei vorkritisch geblieben.

Im 20. Jahrhundert konnte sichtbar werden, daß Herders Denken keineswegs nur aus brillanten Einfällen besteht, sondern von dem systematischen Anspruch einer Vernunftkritik getragen wird. Gehlen, Plessner, Cassirer, Gadamer haben den Rang Herders für ein modernes Verständnis von Anthropologie, Kulturphilosophie und Hermeneutik bestätigt. Trotz solcher Würdigungen hat sich der Eindruck erhalten, Herders philosophische Position sei durch sein Werk nicht gedeckt. Inzwischen sind solche Einstellungen um vieles unwahrscheinlicher geworden. Der Katalog des unpublizierten handschriftlichen Nachlasses von 1979 hat den Blick auf das Frühwerk gelenkt, das im Rahmen zweier Editionsprojekte neu erschlossen wird. Schon jetzt steht fest, daß wenig beachteten kleinen Schriften wie dem *Versuch über das Sein* von 1764 erhebliches Gewicht zukommt. Deutlich wird vor allem, daß Herder von Anfang an über ein eigenes theoretisches Programm verfügt, das er beständig entfaltet hat. Dieser Bezug auf die Kontinuität eines philosophischen

Werks gibt seinen Einsprüchen gegen Kant einen anderen Stand; auch die *Metakritik zur Kritik der reinen Vernunft*, die seit Hayms Verriß (1880) kaum ernst genommen worden ist, gewinnt an Bedeutung.

Aus dieser Perspektive wird sichtbar, daß Herders Werk vom Interesse geleitet ist, Philosophie zu erweitern durch Bestimmung ihrer Grenzen. »Einziehung der Philosophie auf Anthropologie« lautet dafür das Motto, das er 1765 formuliert. (Vgl. HW I, 132) »Alle Philosophie, die des Volks sein soll, muß das Volk zu seinem Mittelpunkt machen, und wenn man den Gesichtspunkt der Weltweisheit in der Art ändert, wie aus dem Ptolomäischen, das Kopernikanische System ward, welche neue fruchtbare Entwickelungen müssen hier nicht zeigen, wenn unsre ganze Philosophie Anthropologie wird.« (HW I, 134) Berühmt geworden ist die Metapher von der kopernikanischen Wende aber durch Kant. Er hat 1787 in der Vorrede zur zweiten Auflage der *Kritik der reinen Vernunft* an diesem Bild den radikalen Neubeginn der Transzendentalphilosophie illustriert.

Bei Herder steht Anthropologie programmatisch für die Kritik an einer Vernunft, die von allen Bindungen an Sprache, Erfahrung, Tradition gereinigt ist. Daß sich Vernunft nicht unberührt von der Erfahrung konstituiert, sondern immer schon Teil der historischen Welt des Menschen war – das hat Herder in seinem weitgespannten Werk unaufhörlich demonstriert. Getragen ist die Vernunftkritik von der Einsicht, daß Vernunft an Sprache gebunden ist: »[...] eine reine Vernunft ohne Sprache ist auf Erden ein utopisches Land. Mit den Leidenschaften des Herzens, mit allen Neigungen der Gesellschaft ist es nicht anders. Nur die Sprache hat den Menschen menschlich gemacht, indem sie die ungeheure Flut seiner Affekten in Dämme einschloß und ihr durch Worte vernünftige Denkmale setzte.« (HW VI, 347 f.)

Von den Frühschriften seit 1764 bis zur *Metakritik zur Kritik der reinen Vernunft* 1799 ist Sprache ein konstantes Thema. Auch wenn Herder nicht alle Teile seines Werks sprachphilosophisch begründet, so lassen sich doch alle im Medium der Sprachreflexion thematisieren. Allerdings meint Sprache hier nicht nur die Lautsprache, sondern ebenso die Sprache der Empfindung oder allgemeiner auch solche symbolische Formen, die weniger systematisch geordnet sind als die verbale Sprache. Im Medium der Sprachphilosophie auslegbar sind deswegen alle Dimensionen, an die Herder Vernunft rückbinden will: die ganze historisch-kulturelle Welt.

Das 18. Jahrhundert gilt als Zeitalter der Aufklärung; unübersehbar aber wurden auch die Risse im Projekt einer Vernunft, die einseitig auf die abstrakten Prinzipien der Erkenntnis ausgelegt war. Die Dynamik der bürgerlich-kapitalistischen Gesellschaften machte sichtbar, was sich dem Zugriff einer strikten Vernunft entzog: die Pluralität der Weltansichten und Kulturen, die Empfindsamkeit der Individuen, die Kontingenz der Geschichte. An solche Impulse schließt Herder an. Seine Vernunftkritik ist gegen den »kalten, leeren Eishimmel« gerichtet, wie es in einem Brief an Hamann heißt. Herder versteht darunter zunächst die rationalistischen Systeme in der Nachfolge Descartes'; nach und nach zielt er jedoch auf Kant, in dem er schließlich seinen Gegenspieler findet. Die Transzendentalphilosophie hält er für die gigantische Fiktion einer Vernunft, die sich einbildet, autonom zu sein, weil sie sich von Erfahrung, Geschichte – und vor allem von Sprache abkoppelt. Das ist der Purismus der Vernunft, gegen den Hamann Sturm läuft; daß die Vernunft sich nicht über die Perspektive einer transzendentalen Idealität verstehen kann, sondern nur über die Rückbindung an die Kontexte der Erfahrung, ist Motiv auch für die Philosophie Herders. Dafür steht die Parole von der »Einziehung der Philosophie auf Anthropologie«.

Mit der *Abhandlung über den Ursprung der Sprache* (1772) verfügt Herder über die Mittel für eine solche Transformation der Philosophie. Die Sprachphilosophie begründet die Einsicht, daß der Mensch in einer symbolisch artikulierten Welt lebt, die er sich hat erfinden müssen, weil er nicht wie die Tiere auf eine natürliche Sphäre eingestellt ist. Was wir Wirklichkeit nennen, ist kein objektiv gegebenes, es ist vielmehr ein durch Reflexion hervorgebrachtes Sein: die historisch-kulturelle Welt des Menschen. Auf eine andere Weise als später Kant verabschiedet Herder damit alle Abbildtheorien des Denkens. Die Erkenntnis trifft nicht auf das Sein gegebener Objekte, die uns ein Wissen durch Darstellung oder Nachahmung ermöglichen würden, sondern auf die Selbsttätigkeit des Subjekts, die Herder als Reflexion, Besonnenheit oder Vernunft auslegt. Brennpunkt in diesem Grundverhältnis von Mensch und Welt ist die Sprache. Sie ist das Medium, in dem sich auch das nichtsprachliche Sein verständlich machen läßt: die sinnlich-anschauliche Welt, die Natur, die Geschichte.

Für diese Einführung in das philosophische Werk Herders kann ich mich auf die Forschungsergebnisse im Rahmen der Neuausgaben beziehen. Herders Texte bieten der Lektüre erhebliche Schwierigkeiten; oft überlagert sein bilderreicher Stil das philosophische Argument. Deutlich werden müßte deswegen, daß in der Vermischung von Diskursen oder den Übergängen zwischen Begriff und Analogie der rationale Diskurs nicht außer Kraft gesetzt, sondern erweitert werden soll.

Meine Darstellung möchte ich am Titel der anthropologischen Wende orientieren. Sie müßte zunächst unter den philosophischen Bedingungen des 18. Jahrhunderts verstanden werden; wirksam geworden ist sie jedoch erst im 20. Jahrhundert. Mit der Verpflichtung von Philosophie auf Anthropologie befindet sich Herder von Anfang an in Opposition zum Konzept einer transzendentalphilosophisch gereinigten Vernunft. Gegen die »Purismen der Vernunft« besteht er darauf, daß Vernunft in ihren Bindungen an Sprache, Tradition und Erfahrung bestimmt werden muß. Es ist vor allem die Rückbindung der Vernunft an die Sprache, die zur Kritik am Begriff transzendentaler Idealität führt. Aber auch die Wende zur Sprache hat im 19. Jahrhundert kaum Resonanz gefunden, während der »linguistic turn« der Philosophie auf Herder keinen Bezug genommen hat. In dieser Konstellation philosophischer Einsätze aus dem 18. Jahrhundert und ihrer Wirkung im 20. würde ich *Johann Gottfried Herder zur Einführung* gern einen Platz verschaffen.

1. Sprache

Das Interesse an der Sprache ist in der Philosophie des 18. Jahrhunderts unübersehbar, und es manifestiert sich auf ganz unterschiedliche Weise. Zu den Themen gehört das Verhältnis von Denken und Sprache oder das Projekt einer Begriffssprache; es geht um die Frage, ob Sprache als Merkmal zur Unterscheidung von Mensch und Tier gelten kann, und immer wieder um die Ursprungsfrage. Beherrscht wird die Diskussion durch Positionen des Rationalismus und des Empirismus. Für den neuzeitlichen Rationalismus hat Descartes das Programm einer Universalsprache zum ersten Mal beschrieben: Sie müßte nach dem Vorbild der Arithmetik aus einer begrenzten Zahl sprachlicher Zeichen bestehen, die nach allgemeinen Regeln verknüpft werden. Allerdings ist Sprache hier zum Instrument der logischen Analyse geworden, was in Leibniz' Plan einer »characteristica universalis« noch deutlicher wird. Wäre es möglich, jede einfache Idee durch ein einfaches Zeichen und komplexe Ideen durch Kombination einfacher Zeichen auszudrücken, hätten wir ein Medium, in dem alles, was ist, denkbar wäre, und in dem zugleich alles, was denkbar ist, auch sagbar wäre. Gegenüber diesem Maß an Präzision erscheinen Vielfalt und Besonderheit der Einzelsprachen hoffnungslos unterlegen. Deswegen zählt die natürliche Sprache im Rationalismus nicht zu den philosophischen Grundbegriffen.

Für den Empirismus einflußreich ist vor allem Lockes *Essay Concerning Human Understanding*. Jetzt kommt die natürliche

Sprache in den Blick, und zwar vor allem ihre psychologischen Bedingungen. Sprache ist hier nicht am Ideal einer Begriffssprache gemessen, sie hat im Prozeß der Erkenntnis eine konzeptionelle Rolle, indem sie einen Vorrat von Namen bildet, mit denen sich Ideen bezeichnen lassen. Erst durch die Verknüpfung mit Namen sind Ideen kommunizierbar, zugleich sichern die sprachlichen Zeichen dem Denken aber auch Klarheit und Konsistenz. Auf die kognitiven und kommunikativen Eigenschaften der Sprache sind wir angewiesen, durch die Verknüpfung der Ideen mit den Zeichen werden aber auch subjektive Einstellungen wirksam. Locke rechnet deswegen mit dem »Mißbrauch der Wörter«, dem im *Essay* ein eigenes Kapitel gewidmet ist. Dieser Mangel läßt sich nicht grundsätzlich beheben, sondern nur durch eine Logik der Allgemeinbegriffe kontrollieren. Auch der Empirismus rechnet Sprache nicht zu den philosophischen Grundbegriffen, vielmehr setzt er sie für eine Analyse der Ideen ein; allerdings berücksichtigt er dabei psychologische und pragmatische Bedingungen. Sprache drückt kein Sein aus, sie liefert die Namen für Begriffe und bezeichnet so ein Denken, das schon vorsprachlich konstituiert ist. Insofern läßt sich die Sprachtheorie des Empirismus als Nominalismus verstehen. Die Benennung der Ideen durch Wörter kennzeichnet den Prozeß der Erkenntnis und bringt einen subjektiven Faktor ins Spiel; ob die Verknüpfungen angemessen sind, läßt sich nicht der Sprache, sondern nur einer Analyse der Begriffe entnehmen.

Im Rationalismus und im Empirismus wird Sprache als Instrument von Erkenntnis zum Thema. Das gilt für das theologisch motivierte Sprachdenken nicht. Hier kann es nicht um das Ideal einer präzisen Begriffssprache gehen, weil das, was benannt werden soll, unsagbar erscheint: Gott, das Absolute oder das All. Andererseits gelten die Wörter aber auch nicht bloß als Namen für Begriffe, vielmehr müssen sie als Ausdruck des Seins verstanden werden und zugleich als Ort spiritueller Kraft gegenwärtig sein. Solche Positionen hat Apel als Logosmystik bezeichnet, wofür zum Beispiel das Werk Jacob Böhmes steht, aber auch Hamanns Sprachdenken läßt sich dazu zählen. Auf der Rückseite der philosophischen Hauptströme sieht Apel in der Sprachlandschaft des 18. Jahrhunderts noch eine andere Tradition wirksam: Im Sprachhumanismus kommen die historische und die ästhetische Dimension von Sprache zur Geltung. Es ist vor allem Vico, der daran anschließt und seine *Neue Wissenschaft* wesentlich in einer Theorie der Sprache begründet.

Herder war mit der traditionellen Sprachtheorie ebenso vertraut wie mit der aktuellen Sprachdiskussion. Der Rang seiner Sprachphilosophie liegt in der Einsicht, daß Sprache mehr leistet, als eine gegebene Welt für uns verständlich zu machen, daß es vielmehr eine Welt nur geben kann, weil wir über Sprache verfügen. Und schließlich: Weil wir diese Welt erst herstellen, »erfinden«, wie es bei Herder heißt, gehen die Entstehungsbedingungen in diesen Prozeß ein. Deswegen gibt es die Vielfalt der Sprachen und der Kulturen, und alle tragen die Spuren der Zeit, in der sie entstanden sind. Lange vor dem »linguistic turn« im 20. Jahrhundert hatte Hamann eine philosophische Wende zur Sprache in Gang gesetzt, »die man ohne Übertreibung als Revolution bezeichnen kann«[1]. Herder hat diese sprachphilosophische Wende noch vor der *Abhandlung über den Ursprung der Sprache* formuliert, zum Beispiel 1768 in den *Fragmenten.* »Ists wahr, daß wir ohne Gedanken nicht denken können, und durch Worte denken lernen: so giebt die Sprache der ganzen menschlichen Erkenntnis Schranken und Umriß. [...] Wie vieles würde man hier ausfegen können, was wir sagen, ohne daß wir was dabei denken: falsch denken, weil wir es falsch sagten: sagen wollen, ohne daß wir es denken können.« (HW I, 557)

Lebensalter

Herder knüpft den historischen Sinn an die Sprache. Sie wird eigentlich zum Schauplatz der Geschichte, den die Philosophie des 18. Jahrhunderts eröffnet hat. Die Einsicht, daß auch Sprache eine Geschichte hat, findet sich zuerst in den *Fragmenten* von 1767 formuliert.[2] Sie ist dort durch eine Analogie ausgedrückt, die sehr viel weiter greift, als nur das Programm einer Sprachgeschichte zu benennen: Wie das Individuum hat auch die Sprache ein Lebensalter. »So wie der Mensch auf verschiedenen Stufen des Alters erscheinet: so verändert die Zeit alles. Das ganze Menschengeschlecht, ja die tote Welt selbst, jede Nation, und jede Familie haben einerlei Gesetze der Veränderung: vom Schlechten zum Guten, vom Guten zum Vortrefflichen, vom Vortrefflichen zum Schlechtern, und zum Schlechten: dieses ist der Kreislauf aller Dinge. So ists mit jeder Kunst und Wissenschaft: sie keimt, trägt Knospen, blüht auf, und verblühet. – So ists auch mit der *Sprache*.« (HW I, 181)

Die Analogie der Lebensalter verläuft in zwei Richtungen. Sie zielt zum einen darauf ab, Sprache und Geschichte unter dem Aspekt individueller Vielfalt verständlich zu machen; zum anderen will sie das Selbstverständnis der Individuen an Sprache und Geschichte rückbinden. Deswegen erscheint Individualität doppelt bestimmt, als Verhältnis der Natur und zugleich der Geschichte. Sprache ist durch die Analogie der Lebensalter individuell ausgezeichnet, während das Individuum auf den historischen Stand der Sprache verwiesen wird. »Die Lebensgeschichte des Individuums und die Lebensgeschichte der Kultur bilden die gleiche Struktur und folgen dem gleichen Gesetz. Diese Konstruktion fordert den Historiker in seinen Einzelanalysen auf, das Leben des Individuums mit der Geschichte und dem Alter der Kultur, in dem es lebt, in Beziehung zu setzen.«[3]

Die Analogie der Lebensalter ist in der geschichtsphilosophischen Debatte des 18. Jahrhunderts vor allem gegen das rationalistische Modell einer linearen historischen Entwicklung gerichtet. Die Rückbindung der Geschichte an die Naturgeschichte des Alterns erlaubt es nicht, die Abfolge der Epochen als kontinuierliche Entfaltung der Vernunft auszulegen. So, wie die Individuen durch ihr Lebensalter wesentlich bestimmt sind, müssen Sprache, Geschichte und schließlich Kultur in ihren konkreten Bedingungen verstanden werden. Herder ist der Analogie der Lebensalter auch für die Betrachtung der eigenen Epoche gefolgt: Prosa ist die Sprache der Zeit und darin angemessener Ausdruck prosaisch-bürgerlicher Verhältnisse. »In allen Staaten ist zu unsrer Zeit die Prose die Sprache der Schriftsteller, und die Poesie eine Kunst, die die Natur der Sprache verschönert, um zu gefallen. Gegen die alten und die wilden Sprachen zu rechnen, sind die Mundarten Europens mehr für die Überlegung, als für die Sinne und die Einbildungskraft.« (HW I, 186 f.)

In der zweiten, umgearbeiteten Ausgabe der *Fragmente* (1768) führt Herder die Lebensalter als Thema eines philosophischen Romans ein: »Fragmente über die Bildung einer Sprache: wo ein Roman von ihren Lebensaltern vorausgeschickt, und ein Weg eröffnet wird, sie zu erklären.« (HW I, 546) Diese Überschrift aus dem Inhaltsverzeichnis macht deutlich, daß Herder Sprache als Individuum auslegt, das über eine Bildungsgeschichte verfügt, aus der es sein Selbstverständnis bezieht. Der Vergleich legt nahe, daß wir Unterschied und Vielfalt der Sprachen nicht ohne Rückgriff auf deren jeweilige Bildungsgeschichte begreifen können. Für die Sprache gilt dann allerdings auch, daß sie nicht nur einer Bildungs-, sondern zugleich einer Naturgeschichte angehört; auch für sie ist der Prozeß des Alterns unumkehrbar. »Ein junger Greis, und ein Knabe, der ein Mann ist, sind unleidlich, und ein Ungeheuer, das alles auf einmal sein will, ist nichts ganz.« (HW I, 181) Auf einen Stil der Lebensalter verpflichtet Herder auch die Sprache, um sie in ihrem männlichen Alter vor falschen Ansprüchen zu bewahren. »Eine Sprache, in ihrem männlichen Alter, ist nicht eigentlich mehr Poesie; sondern die schöne Prose.« (HW I, 183)

Am Leitfaden der Lebensalter entwirft Herder einen »philosophischen Sprachenroman« als allgemeine Bildungsgeschichte. In ihrer Kindheit ist die Sprache einsilbig, rauh und von hohen Tönen; stark akzentuiert, ist sie eine Sprache der Empfindungen. »Eine Nation in ihrem ersten wilden Ursprunge starret, wie ein Kind, alle Gegenstände an; Schrecken, Furcht und alsdenn Bewunderung sind die Empfindungen, derer beide allein fähig sind, und die Sprache dieser Empfindungen sind Töne, – und Geberden.« (HW I, 181 f.) Hier ist die Sprache noch von den Affekten überwältigt, bis sie die Gegenstände nach und nach durch Namen bannt. »Entsetzen, Furcht und Verwunderung verschwand allmählich, da man die Gegenstände mehr kennen lernte; man ward mit ihnen vertraut und gab ihnen Namen [...] die Lebens- und Denkart legte ihr rauschendes Feuer ab [...].« (HW I, 182) Das jugendliche Sprachalter ist poetisch; der Akzent wird rhythmisiert, die Affekte werden zu Bildern, »die Sprache war sinnlich, und reich an kühnen Bildern: sie war noch ein Ausdruck der Leidenschaft, sie war noch in den Verbindungen ungefesselt« (HW I, 183). Das männliche Alter der Sprache ist prosaisch: Der poetische Rhythmus wird zum Wohlklang der Prosa heruntergestimmt. »[...] je mehr [man] die Inversionen abschaffet, je mehr bürgerliche und abstrakte Wörter eingeführet werden, je mehr Regeln eine Sprache erhält: desto vollkommener wird sie zwar, aber desto mehr verliert die wahre Poesie.« (HW I, 183) Dennoch hat sich die Sprache hier noch nicht vollständig von der Poesie entfernt, das ist das Alter »der *schönen Prose*, die den Reichtum ihrer Jugend mäßig brauchte« (HW I,

184). Erst im hohen Alter entwickelt sich die Prosa zur Vollkommenheit in einer streng kodierten Sprache, die auf Richtigkeit abzielt. »Das hohe Alter weiß statt Schönheit bloß von *Richtigkeit* [...]. Dies ist das philosophische Zeitalter der Sprache.« (HW I, 184)[4]

Hier schließt der Sprachenroman. Er schildert die Entwicklung der Sprache von der Poesie zur Prosa im Stil einer allgemeinen Bildungsgeschichte: Als Ausdruck verschiedener Lebensalter der Sprache und unterschiedlicher Zustände der Kultur ist ihre Reihenfolge unumkehrbar. Der Roman handelt aber auch vom Verschwinden der Poesie. In der schönen Prosa werden die poetischen Qualitäten der Sprache weitgehend, im philosophischen Zeitalter vollständig ausgeschlossen. Hier wirken die kritischen Impulse, die im 18. Jahrhundert gegen die Verstandeskultur der bürgerlich-kapitalistischen Gesellschaften gerichtet sind. Herders Position zeichnet sich dadurch aus, daß er die Moderne unter einem doppelten Aspekt wahrnimmt: als Naturgeschichte des Menschen und als dessen Bildungsgeschichte. Für jede Kultur gilt dann, daß sie im Verhältnis dieser beiden historischen Dimensionen charakterisiert und durch ihr Lebensalter individuell ausgewiesen ist. Die Pluralität der Kulturen, die sich aus dieser Anordnung ergibt, ist nicht relativistisch begründet, sondern folgt der Einsicht, daß Kultur zeitlich bestimmt ist und deswegen nur als Plural gedacht werden kann.

Den Übergang vom poetischen zum prosaischen Stand der Sprache kann Herder als Entfaltung von Kräften nach dem Naturgesetz der Progression interpretieren. Weil er in den modernen Gesellschaften das entfaltete Potential von Kräften erkennt, kann er sie nicht wie Rousseau als entfremdete begreifen. Unter dem Aspekt einer Bildungsgeschichte der Menschheit nimmt er im Verschwinden der Poesie jedoch wahr, daß die Kräfte sich einseitig entwickelt und die Menschen sich von den Bedingungen ihrer Naturgeschichte entfernt haben. Hamann hatte die Poesie als »Muttersprache des menschlichen Geschlechts« ausgelegt und erblickte im Verlust der Poesie das Unglück der Moderne. Um die Möglichkeiten zur Wiederherstellung poetischer Ursprünge, in denen allein er die Menschen mit Gott versöhnt sah, bewegt sich sein Werk. Herder konstatiert in einer frühen Schrift, die an Hamann gerichtet ist, den Verlust der Poesie. »Unser *bürgerliches* Volk, die Antipoden der *Menschheit*, hat seine Muttersprache verlernt, da es aus dem Garten Gottes verstoßen wurde, um hinter dem Pfluge auf dem Bauch zu kriechen, und Erde zu essen sein Leben lang: und es zeugt Söhne nach seinem Bilde.« (HW I, 31) Gegen Hamann besteht Herder darauf, daß der Verlust der Poesie ebenso unumkehrbar ist wie die Vertreibung aus dem Paradies. Herder geht es nicht um die Rückkehr zu Ursprüngen, sondern um die Verknüpfung von Natur- und Bildungsgeschichte. Er macht deswegen aus dem Gesetz der Progression ein Bildungsprogramm: nicht Rückkehr ins verlorene Paradies, vielmehr Entfaltung aller Kräfte.

In den *Fragmenten* schildert der Sprachenroman die Entwicklung von der Poesie zur Prosa und öffnet sich zugleich auf eine andere Sprachbetrachtung. Gefordert im prosaischen Zeitalter der Sprache ist eine Philosophie der Sprache und zugleich eine Sprache der Philosophie, die ihrem Lebensalter angemessen ist. Hier ist die Philosophie an der Frage nach der Verbesserung der Sprache orientiert und zielt auf das Ideal einer Sprache, in der das Gesetz der Progression optimal entfaltet ist. Herder geht es jedoch keineswegs um eine Universalsprache, im Blick hat er eine konkrete, dem Lebensalter angemessene Sprache der Philosophie, die in den *Fragmenten* als »Allgemeines Projekt für einen Philosophen über die deutsche Sprache« (HW I, 167) angekündigt ist. Herder hat stets daran festgehalten, daß sich in der Sprache der Philosophie das Lebensalter der Sprache darstellen muß, in der die philosophischen Gegenstände formuliert sind. Ausdruck gewinnt das Lebensalter in der Sprache nur als Stil. So macht die Analogie der Lebensalter deutlich, daß die Manifestationen des Stils in den Texten Herders immer auch philosophisch motiviert sind.

Sprachursprünge

Herder hat das »allgemeine Projekt für einen Philosophen über die deutsche Sprache« in den *Fragmenten* nicht ausgeführt. Verpflichtend aber bleibt die Einsicht, daß Sprache durch ihr Lebensalter an Geschichte, Tradition und Erfahrung gebunden ist und daß es dieselbe Sprache ist, in der diese Bindung sich auf verschiedene Weise ausdrückt. In den *Fragmenten* finden sich bereits Materialien für eine allgemeine philosophische Theorie der Sprache. 1769 nimmt Herder diese Spur auf, äußerer Anlaß dafür ist die Preisfrage der Berliner Akademie der Wissenschaften nach dem Ursprung der Sprache.[5] In der *Abhandlung über den Ursprung der Sprache*, die den Preis gewinnt und 1772 »auf Befehl der Akademie« veröffentlicht wird, hat Herder einen Leitfaden für sein gesamtes Werk formuliert: daß die historische Welt des Menschen sprachlich konstituiert, die sprachliche Welt des Menschen historisch vermittelt ist. In den bibelfesten Texten Herders steht dafür die Weisheit Salomos: »alles hat seine Zeit«.

Herder denkt Sprache nicht als Gegenstand, sondern als Funktion, so daß auch der Ursprung von Sprache funktionell darstellbar wird. »Psychologisch können wir diesen Prozeß nicht in der allen psychologischen Schulen des 18. Jahrhunderts geläufigen Terminologie beschreiben. Herder zufolge ist die Sprache keine künstliche Verstandesschöpfung, und sie läßt sich auch nicht durch einen spezifischen Assoziationsmechanismus erklären.«[6] Darin unterscheidet sich seine Theorie der Sprache von den konkurrierenden Sprachansichten des 18. Jahrhunderts. Sie alle müssen nach einem Faktum suchen, das die Tatsache der Sprache begründen kann. Der französische Philosoph Condillac (1714-1780) zum Beispiel leitet den Ursprung der Sprache aus dem Schrei ab, der Kommunikation stiftet; der Pfarrer und Statistiker Süßmilch (1707-1767) sieht die Sprache durch Gott gegeben. Einwände gegen diese Ursprungstheorien der Sprache liegen auf der Hand: Aus dem Schrei läßt sich wohl eine kommunikative Situation konstruieren, unverständlich bleiben muß jedoch die kognitive Leistung von Sprache; als Geschenk Gottes läßt sich Sprache aus den Konditionen des Menschen nicht verstehen, theoretisch bleibt sie das Fremde.

Für sein Programm, die Philosophie kopernikanisch zu wenden, hat Herder mit der *Abhandlung* einen entscheidenden Schritt getan: Die Anthropologie, zu der Philosophie werden soll, findet ihre Grundlage in einer Theorie der Sprache. Um ihrerseits anthropologisch zu sein, beschränkt sich die Sprachtheorie nicht auf die diskursiv-logische Seite der Sprache, sondern erfaßt eine Funktion, die der Sprache noch vorausgreift: Besonnenheit oder Vernunft nennt Herder die Position des Menschen, Realität mit Merkmalen zu versehen, um sich eine spezifische Welt zu erschließen. Diese Welt hat sich der Mensch ebenso erfinden müssen wie die Sprache. Beides sind Erzeugnisse der Vernunft, aber ihrerseits ist Vernunft an Sprache, Geschichte und Empfindung gebunden. Es ist diese Konstellation, in der die kopernikanische Wende ihren Angelpunkt hat. In Bewegung – in »Fortbildung«, wie es bei Herder heißt – ist dieses anthropologische Mobile, weil es keine idealtypische Sphäre für den Menschen gibt, die Ausbildung der Sphäre aber vom Stand aller Faktoren abhängt, die sich ihrerseits gegenseitig voraussetzen und aufeinander wirken. Daß die Menschen sich Sprache haben erfinden müssen, wie es die *Abhandlung* darlegt, ist nur ein anderer Ausdruck dafür, daß sie sich selbst erfinden müssen.

Ulrich Gaier hat in seiner detailgenauen und philosophisch pointierten Analyse der *Abhandlung* dargelegt, daß Herder dort sechs Sprachursprünge unterscheidet, von denen die ersten fünf sich nicht auf die Lautsprache des Menschen beziehen, von »Sprache« also nur im übertragenen Sinn handeln. Aus keinem dieser fünf Ursprünge läßt sich die menschliche Sprache ableiten. Umgekehrt aber können wir uns das Ausdrucksvermögen der Tiere, der Natur oder der Affekte als »Sprache« verständlich machen. Aus dieser Perspektive ergibt sich, daß die Lautsprache an eine sinnliche Basis angeschlossen bleibt. In der Bestimmung der Sprachursprünge werden zugleich unterschiedliche Sprachauffassungen sichtbar. Herders Sprachtheorie greift über die Sprache hinaus und legt eine Funktion frei, durch die unser Welt- und Selbstverständnis ermöglicht wird: Mittels Reflexion oder Besonnenheit gliedern wir die Realität und machen sie uns zugänglich, und zwar schon vor und jenseits der verbalen Sprache, in der sinnlichen Wahrnehmung zum Beispiel. Reflexion ist nicht an die Sprachzeichen gebunden, doch schon in der Empfindung gliedern wir die Welt so, daß sie »sprachmäßig« werden kann. Herders Sprachschrift macht deutlich, daß Sprache das umfassendste Symbolsystem ist, über das der Mensch verfügt. Auch deswegen haben sich die Menschen Sprache erfinden müssen, weil sie als universelles Medium dient, durch das wir uns alles, was überhaupt nur Zeichencharakter hat, verständlich machen können. Die folgende Übersicht zeigt die sechs Sprachursprünge, die Herder in der *Abhandlung* diskutiert. Charakteristisch ist der Wechsel zwischen Sprache im strengen Sinn der Lautsprache und den Analogien der Sprache.[7]

1. *Naturschrei des tierischen Mechanismus:* Die »Mechanik fühlender Körper« verfügt über ein Ausdrucksvermögen, mittels dessen Empfindungen mitgeteilt werden können: »diese Seufzer, diese Töne sind Sprache«. An diesen Mechanismus ist der Mensch angeschlossen, in der verbalen Sprache bleibt die Empfindung an die Betonung, an den Akzent geknüpft. Die Sprache der Natur ist *Völkersprache*, auch der Mensch hat die seinige.

2. *Völkersprachen der Gattungen:* In der Sprache der Natur sind die Töne sehr einfach, sie bestehen nicht aus Wörtern, es sind »nur Töne zum Wort einer Empfindung«.

3. *Othem Gottes in Ursprachen:* In den Ursprachen sind die Vokale noch Töne der Natur und werden deswegen nicht aufgeschrieben. Darin drückt sich eine spirituelle Kraft aus. Aus diesen Tönen läßt sich menschliche Sprache nicht ableiten.

4. *Wort der Seele:* Die Ausstattung des Menschen: »Man nenne diese ganze Disposition seiner Kräfte wie man wolle, Verstand, Vernunft, Besinnung, Reflexion usw.« Die sinnliche Anschauung selbst ist schon Ergebnis von Reflexion, die Worte der Seele sind aber noch nicht die verbalen Zeichen der Lautsprache.

5. *Naturlaute anverwandelt (Töne):* Das Ohr ist der »erste Lehrmeister der Sprache«. Die Töne sind besonders dazu geeignet, zu Merkmalen zu werden. »Der Mensch erfand sich selbst Sprache! – aus Tönen lebender Natur!« Die ersten Wörter bezeichnen den Ton von Gegenständen. Hier zeigt sich die Leitfunktion des Gehörs im Aufbau der Sinnlichkeit.

6. *Menschliche Laute, dem Wort der Seele zugeordnet:* Die sinnlich-anschauliche Welt kann zu Elementen der Sprache werden, weil alle Gegenständlichkeit in der Empfindung gegeben und daher in alle Sinne übersetzbar ist. »Wir sind ein denkendes sensorium commune, nur von verschiedenen Seiten berührt – da liegt die Erklärung.« Die Sinne sind »Vorstellungsarten der Seele«. Das Gehör ist der mittlere Sinn, »die eigentliche Tür zur

Seele«. Daß die Natur tönt, erlaubt es, alle Sinne durch Töne zu bezeichnen, so daß »jeder Sinn sprachfähig wird«. Damit ist die Sprache erfunden.

Die Erfindung der Sprache

Die *Abhandlung* spielt auf allen Dimensionen dieser anthropologischen Konstellation; sie behandelt deswegen zugleich Fragen, die den Ursprung von Empfindung und Vernunft betreffen oder den historischen Sinn. An den Scharnieren dieses Modells entlang verschiebt sich der thematische Schwerpunkt und erzeugt den Eindruck begrifflicher Unschärfe. Allerdings verlangt die *Abhandlung* eine Lektüre, die der Bewegung der Begriffe folgt; hierin war sie schon Einübung in die Dialektik Hegels. Theoretisch ist diese Bewegung bei Herder nicht ausgewiesen, vielmehr geht sie in der Darstellung selbst auf. Gleich der Anfang der *Abhandlung* demonstriert dieses Verfahren. *»Schon als Tier, hat der Mensch Sprache.«* (697)[8] Was dieser Satz bedeutet, hängt davon ab, ob wir Sprache als Ausdrucksvermögen der Natur oder des Menschen verstehen. Die *Abhandlung* soll darlegen, daß Sprache im strengen Sinn nur Sprache des Menschen meinen kann; sie will aber zugleich demonstrieren, daß wir uns das Ausdrucksvermögen der Natur wiederum nur als Sprache verständlich machen können: in Analogie zum Begriff von Sprache – als »ausdrückendes Symbol«. Deswegen verliert der erste Satz seine Geltung und bleibt doch in Kraft, so daß Sprache als Begriff und als Analogie erscheinen kann. Durch solche Wechsel der Ausdrucksebenen ist der Stil der *Abhandlung* wesentlich geprägt.

»Schon als Tier, hat der Mensch Sprache.« Diese Aussage bezieht ihre Bedeutung zunächst aus der Stellung, die sie als erster Satz

einnimmt. Noch ohne Bezug auf die Einheit von Sprache, Kultur und Vernunft ist hier unterstellt, daß Sprache gleichermaßen Tieren wie Menschen zukomme. Herder widerlegt diese Auffassung, ohne sie formell als Aussage zu negieren. Vielmehr entzieht er ihr nach und nach ihre Geltung. Nachdem im zweiten Abschnitt alle konstitutiven Elemente eingeführt sind, verliert der Anfangssatz seinen Halt und läßt sich durch beliebig viele Sätze widerlegen: Aus der Relation von Sprache, Kultur und Vernunft folgt, daß Sprache immer Sprache des Menschen ist und Tiere daher im strengen Sinn über keine Sprache verfügen. Die Umkehrung der Anfangsbehauptung verläuft nicht über eine begriffliche Analyse, sondern über eine Auslegung, die Kontexte herstellt für einen metaphorischen Gebrauch des Sprachbegriffs: Wenn wir mit Sprache ein fundamentales Ausdrucksvermögen meinen und es einer »Mechanik fühlender Körper« (697) zurechnen, dann verbindet Sprache tatsächlich Mensch und Tier als gemeinsame Eigenschaft. *»Diese Seufzer, diese Töne sind Sprache. Es giebt also eine Sprache der Empfindung, die unmittelbares Naturgesetz ist.«* (698) Die Sprache der Empfindung besteht nicht aus diskreten Elementen wie Morphemen oder Phonemen, sondern aus Tönen und ist einzig durch den Akzent gegliedert. Durch die Töne bleibt der Mensch an die »Mechanik fühlender Körper« angeschlossen: »[...] der heftigste Augenblick der Empfindung, wo? und wie selten er sich finde? nimmt noch immer sein Recht wieder, und tönt in seiner mütterlichen Sprache unmittelbar durch Akzente.« (699) Die Töne dieser Sprache sind Zeichen und zugleich Teil der Empfindung. Als Indizes lassen sie sich nicht von ihrem Gegenstand trennen. Deswegen gibt es so viele Tonarten wie Möglichkeiten des Ausdrucks: Völkersprachen, deren Zeichen auf die Gattung ihrer Benutzer verweisen. »Eigentlich ist *diese Sprache der Natur eine Völkersprache für jede Gattung unter sich, und so hat auch der Mensch die seinige [...].«* (699)

Die Elemente der Völkersprachen sind außerordentlich dicht, »die Töne reden nicht viel, aber stark« (700). Herder läßt keinen Zweifel daran, daß wir es hier nicht mit einer verbalen Sprache zu tun haben. »Noch exsistiert für mich kein Wort: sondern nur Töne zum Wort einer Empfindung [...].« (701) Die Völkersprachen sind nicht artikuliert, und sie sind nicht aufschreibbar. Weil der Ton die Empfindung zwar ausdrücken, aber nicht darstellen kann, scheitert jede phonetische Repräsentation. »Was ist unschreibbarer, als die unartikulierten Töne der Natur?« (705) Noch in der artikulierten Sprache gehören die Interjektionen, in denen die Naturtöne vernehmbar bleiben, zu den dichten oder indexikalischen Zeichen. »Das matte Ach! ist sowohl Laut der zerschmelzenden Liebe, als der sinkenden Verzweiflung.« (699 f.) Aus Tönen der Natur läßt sich keine verbale Sprache zusammensetzen; dennoch nimmt Herder an, daß sich Sprachen durch ihren Bezug auf diese Töne unterscheiden lassen. Schon in der ersten Fragmentsammlung *Über die neuere deutsche Literatur* hatte er die Sprache zu den Gegenständen gerechnet, die dem historischen Wandel unterliegen und deswegen nach dem Lebensalter der Sprachen gefragt. Die frühen Sprachen sind weniger artikuliert und damit zugleich offener für außersprachliche Faktoren wie den Akzent. Daß die Vokale im Hebräischen nicht geschrieben werden, versteht Herder als Beleg für die Ursprünglichkeit dieser Sprache: In den Vokalen weht noch der »Othem Gottes« (vgl. 704). Die späteren Sprachen sind auf allen Ebenen strenger kodiert als die frühen: phonetisch, syntaktisch, semantisch. Sie sind prosaisch, weil sie die unartikulierten Töne der Natur nur schwer integrieren können. Herder hat in den frühen Sprachen nicht wie Hamann das Bild einer idealen poetischen Sprache gesehen, vielmehr hielt er die späteren für den angemessenen Ausdruck der bürgerlichen Zustände. Allerdings setzt die Metapher der Lebensalter ein sprachliches Bewußtsein voraus, das sich den Unterschied der Sprachen als geschichtliches Kontinuum verständlich machen kann. Die frühen Sprachen unterscheiden sich von den späten nur dem Grad nach; dagegen sind alle Sprachen grundsätzlich von anderer Qualität als die Töne der Natur. In den Sprachtheorien des 18. Jahrhunderts traten die Tiere als mit einer Sprache begabt auf, die als Vorstufe der menschlichen galt. Herder sieht darin die Leistung der Sprache grundsätzlich verkannt, und er will die Tiere aus dieser Rolle entlassen. »*Condillac* und *Rousseau* mußten über den Sprachursprung irren, weil sie sich über diesen Unterschied so bekannt und verschieden irrten: da jener die Tiere zu Menschen, und dieser die Menschen zu Tieren machte.« (711) An Condillac ist die Kritik gerichtet, er könne aus dem Schrei der Tiere die kognitive Funktion menschlicher Sprache gar nicht ableiten. Den grundsätzlichen Unterschied im Zeichengebrauch von Tier und Mensch macht Herder an einem Ausdruck fest, den er bei Rousseau aufnimmt, aber gegen dessen Auffassung vom Ideal einer musikalischen Sprache richtet, die der menschlichen Sprache vorausliegt: »Dieser Gesichtspunkt ist die ›Sphäre der Tiere‹.« (712) Er verweist auf die »Völkersprache«, die jeder Gattung zukommt (vgl. 699), und zeigt zugleich, daß die Völkersprache nicht das Allgemeine menschlicher Sprache ausmacht, sondern für das Einzelne steht. Die Sprache der Tiere ist immer Völkersprache, gebunden an eine Sphäre. »*Jedes Tier hat seinen Kreis*, in den es von Geburt an gehört, gleich eintritt, in dem es lebenslang bleibet, und stirbt [...].« (712) Die Zeichen dieser Sphärensprache der Tiere können ihren Charakter als Indizes grundsätzlich nicht überschreiten: eine Sprache der Gegenstände, die als Anzeichen fungieren. Der Mensch verfügt über keine Sphäre, deswegen ist er von Natur aus ohne Sprache. »Die Biene sumset, wie sie sauget: der Vogel singt, wie er nistet – aber *wie spricht der Mensch von Natur? Gar nicht!* so wie er wenig oder nichts durch völligen Instinkt, als Tier tut. Ich nehme bei einem neugebornen Kinde das Geschrei seiner empfindsamen Maschine aus; sonst *ists stumm.*« (714 f.)

Der Rückgriff auf den Begriff der Sphäre erlaubt es Herder, alle Ursprungstheorien der Sprache zu verabschieden: Die Sprache des Menschen ist in keiner anderen Sprache fundiert, weder bei Gott noch bei den Tieren. Der Mensch ist ohne natürliche Sphäre und deswegen stumm; erst durch Sprache bildet er eine kulturelle Welt aus. »Der Mensch kann nicht anders, als sich auf die Besonderheiten seines Daseins einzustellen. Er lebt nicht mehr in einem bloß physikalischen, sondern in einem symbolischen Universum. Sprache, Mythos, Kunst und Religion sind Bestandteile dieses Universums. Sie sind die vielgestaltigen Fäden, aus denen das Symbolnetz, das Gespinst menschlicher Erfahrung gewebt ist. [...] Der erste Denker, der dies klar erkannt hat, war Herder.«[9] Mit dieser Einsicht hat Herder die Sprachtheorie des 18. Jahrhunderts grundlegend verändert. Das Verhältnis von Sphäre und Sprache beschreibt die Kondition des Menschen unter der Perspektive von Mangel und Freiheit. »Bei dem Menschen ist alles in dem größten Mißverhältnis – Sinne und Bedürfnisse, Kräfte und Kreis der Würksamkeit, der auf ihn wartet, seine Organe und seine Sprache [...].« (715) Gehlen hat sich für den Befund des Menschen als Mängelwesen auch auf die *Abhandlung* berufen; dort findet er allerdings für seine Auslegung des Mangels, der Mensch könne nur in starken Institutionen überleben, keine Entsprechung.[10] Herder sieht den Grund für das Mißverhältnis der Menschen darin, daß sie nicht wie die Tiere über eine Sphäre verfügen; weil aber die Tiere über keine Sprache verfügen, bleibt die Bestimmung des Mangels unvollständig und verweist auf das, was der Mensch für sich ist: Sprachwesen. Das unterscheidet ihn von den Tieren und von Gott. »Das Ziel der Wahrheit ist nur ein Punkt! auf den hingestellet, sehen wir aber auf alle Seiten: warum kein Tier Sprache erfinden kann? kein Gott, Sprache erfinden darf? und der Mensch, als Mensch, Sprache erfinden kann und muß?« (732) Die Ausdrücke »Sprache« und »Sphäre« verwendet Herder im strengen Sinn und zugleich metaphorisch oder analog. Im strengen Sinn haben die Tiere eine Sphäre, aber keine Sprache; die Menschen eine Sprache, aber keine Sphäre. In Analogie zum jeweils strengen Gebrauch erscheinen auch die Töne der Natur als Sprache, ebenso bezieht sich der Mensch auf eine Sphäre. Für den dritten Ausdruck, der hier konstitutiv ist, findet die Analogie von Mensch und Tier jedoch keine Verwendung: Besonnenheit und Vernunft gelten nur für den Menschen und lassen sich auf Tiere nicht anwenden. Aus dem Mangel, daß die menschlichen Sinne weniger ausgebildet sind, ergibt sich der Vorzug der Freiheit: »[...] so bekommen sie eben dadurch *Vorzug der Freiheit*; ›Eben weil sie nicht für einen Punkt sind, so sind sie allgemeinere Sinne der Welt.‹« (716)

Entscheidend für die Frage nach dem Ursprung der Sprache ist für Herder, daß Vernunft oder Besonnenheit nur den Menschen zukommt. Aus dieser Perspektive gewinnen Sprache und Sphäre ihre Bedeutung: Die Sprache der Besonnenheit ist nicht an eine natürliche Sphäre rückgebunden; sie muß die Welt, auf die sie sich bezieht, selbst hervorbringen – diese Welt können wir mit Herder Kultur nennen. In den *Ideen zur Philosophie der Geschichte der Menschheit* heißt es später: »Aber den Menschen baute die Natur zur Sprache [...]. Von der Sprache also fängt seine Vernunft und Kultur an: denn nur durch sie beherrschet er auch sich selbst und wird des Nachsinnens und Wählens, dazu er durch seine Organisation nur fähig war, mächtig.« (HW VI, 141)

Unter Vernunft versteht Herder das Vermögen zur Artikulation in einem doppelten Sinn: Der Mensch versieht die Realität mit Merkmalen; indem er die Welt gliedert, drückt er sich darin zugleich aus. Vernunft gehört zur Grundausstattung des Menschen, sie bestimmt seine Stellung in der Welt von Anfang an und grundsätzlich: *»so muß der Mensch sie im ersten Zustande haben, da er Mensch ist«* (719). Entscheidend ist hier, daß Herder die Vernunft von ausschließlich kognitiven Ansprüchen ablöst und als Artikulationsmedium auslegt, das alle Tätigkeiten und Verhältnisse des Menschen umfaßt. »Ist nemlich die Vernunft keine abgeteilte, einzelwürkende Kraft, sondern eine seiner Gattung eigne Richtung aller Kräfte: *so muß der Mensch sie im ersten Zustande haben, da er Mensch ist.* Im ersten Gedanken des Kindes muß sich diese Besonnenheit zeigen, wie bei dem Insekt, daß es Insekt war.« (719)

Weil der Mensch sich nicht unmittelbar auf die Realität einlassen kann, braucht er ein Medium, in dem er Realität repräsentieren und im Hinblick auf seine Bedürfnisse interpretieren kann. Für diese Einstellung reicht es nicht, daß die Realität selbst als Zeichen auftritt und auf einen Sinn verweist, wie das für die Tiersprache charakteristisch ist; der Vernunft angemessen sind nur solche Zeichen, die sich von ihrem Gegenstand ablösen und auf andere Zeichen beziehen lassen. Es ist Herders philosophisch folgenreiche Einsicht, daß in den Zeichen der Sprache die Bedingungen für ein Instrumentarium erfüllt sind, das es dem Menschen erlaubt, eine eigene Welt auszubilden. Diese Welt nennen wir Kultur, weil sie nicht instinktgebunden, sondern sprachvermittelt ist. »Der Mensch in den Zustand von Besonnenheit gesetzt, der ihm eigen ist, und diese Besonnenheit (Reflexion) zum ersten Mal frei würkend, hat Sprache erfunden.« (722)

Um diesen Augenblick zu beschreiben, läßt Herder noch einmal das Schaf auftreten, das schon Plato und später Mendelssohn zur Illustration für die Verknüpfung von Laut und Bild gedient hatte. Im Zustand von Besonnenheit richtet sich das Interesse des Menschen darauf, »das Schaf kennen zu lernen. [...] Weiß, sanft, wollicht – seine besonnen sich übende Seele sucht ein Merkmal, – *das Schaf blöcket!* sie hat Merkmal gefunden.« (723) Dieses Lautzeichen gliedert die sinnliche Anschauung, es ist noch kein Ausdruck der Sprache, aber doch schon *»Wort der Seele«* (723). Für Herder ist damit Sprache erfunden, weil es dasselbe Vermögen der Besonnenheit ist, das die anschauliche Welt mit Merkmalen versieht und Merkmale in ein System von sprachlichen Zeichen gliedert. Dabei bleibt der Unterschied von Anschauung und Sprache durchaus gewahrt. Herder geht es aber darum zu zeigen, daß die kognitive Leistung der Sprache aus der sinnlichen Anschauung – der Empfindung – hervorgeht und auf sie angewiesen bleibt.

Es ist Voraussetzung und Ergebnis von Sprache, daß Besonnenheit oder Reflexion vorsprachlich schon die Empfindung gliedert. Herder führt die universelle Darstellungsfunktion von Sprache auf die besonderen Eigenschaften der Lautzeichen zurück, »daß nach aller Natur entweder nichts, oder *das Ohr der erste Lehrmeister der Sprache wurde«* (734). Von allen Merkmalen, über die das Schaf verfügt, ist seine lautliche Artikulation am besten geeignet, es als Ganzes zu kennzeichnen. Herder bemerkt, daß die auditiven Zeichen nichtgegenständlich und gut voneinander trennbar sind; die visuellen Merkmale sind dagegen »wie viel, wie mühsam zu unterscheiden! Alle Merkmale sind fein verflochten, neben einander – alle noch unaussprechlich!« (734)

Die sinnlich-anschauliche Welt ist keine Sprache, sie ist aber wie Sprache durch Besonnenheit zustande gekommen und nach Merkmalen geordnet. Deswegen ist alles, was in der Empfindung gegeben ist, für alle Sinne zugänglich. »Wie hängt Gesicht und Gehör, Farbe und Wort, Duft und Ton zusammen? [...] Wir sind Ein denkendes sensorium commune, nur von verschiednen Seiten berührt – Da liegt die Erklärung.« (743 f.) Jeder Sinn ist sprachfähig, und umgekehrt ist die Sprache an die Empfindung gebunden. Deswegen lassen sich die Wörter weder als konventionelle Zeichen noch als Bilder verstehen, sondern nur als Verknüpfung ästhetischer und logischer Eigenschaften: Als Bilder sind die Wörter logisch unbestimmbar; als logisch bestimmte Zeichen bleiben die Wörter angeschlossen an die Potentiale der sinnlich-anschaulichen Welt. An diesem Zug der Sprache, unbestimmbar bestimmt zu sein, hat Herder den Doppelcharakter des Menschen abgelesen: Als sinnliches Wesen unbestimmbar, muß der Mensch sich selbst durch Sprache bestimmen.

In der *Abhandlung* ist die Sprache nicht nur Thema, sie dient zugleich als Modell für die anthropologische Einsicht, daß in der historischen Welt des Menschen nichts voneinander isoliert auftritt. Deswegen behandelt die Sprachtheorie zugleich den Ursprung der Empfindung, der Geschichte und der Vernunft. Herder hat die Sprachfähigkeit des Menschen in Wechselwirkung mit der Sphäre im zweiten Teil der *Abhandlung* in »Naturgesetzen« dargestellt, die den Begriff einer Progression der Kräfte entfalten. So heißt es programmatisch im ersten Naturgesetz: »Der Mensch ist ein freidenkendes, tätiges Wesen, dessen Kräfte in Progression fortwürken; darum sei er ein Geschöpf der Sprache!« (769)

Daß der Mensch tätiges Wesen sei, wird verständlich erst aus dem Bezug auf seine Eigenschaft als Mängelwesen. »Als nacktes, instinktloses Tier betrachtet, ist der Mensch das elendeste der Wesen« (769), heißt es im Anschluß an die Formulierung des ersten Gesetzes. Freie Tätigkeit und spezifische Unbestimmtheit des Menschen sind aufeinander verwiesen. Insofern liegt der Vorzug der Freiheit in der Notwendigkeit, eine Welt überhaupt erst auszubilden. Im Begriff der Besonnenheit oder der

Reflexion ist dieses Verhältnis als Kraft gedacht. Den Merkmalen, die aus der Kraft der Besonnenheit hervorgehen, das sinnlich Wahrnehmbare zu gliedern, kommt jenseits der Naturkraft ein eigenständiges Sein als Zeichen und schließlich als Sprache zu. Herder sieht den Menschen im Verhältnis zur Außenwelt als ebenso mangelhaft ausgestattet wie im Verhältnis zur Innenwelt. Deswegen richtet sich die Tätigkeit nach außen, als Gliederung des sinnlich Wahrnehmbaren, und nach innen, als Gliederung der Empfindung. Spezifische Unbestimmtheit und freie Tätigkeit kennzeichnen die Situation des Menschen grundsätzlich. »Das *instinktlose, elende* Geschöpf, was so verlassen aus den Händen der Natur kam, war auch vom ersten Augenblicke an, das *freitätige vernünftige* Geschöpf, das sich selbst helfen sollte, und nicht anders, als konnte.« (770) Dieser Kondition gemäß sind Besonnenheit, Reflexion und Verstand auch vom ersten Augenblick an gegeben und nicht erst als späte Entwicklungsstufen verfügbar. »*Besonnenheit*: sie waltet noch selbst im sinnlichsten Zustande, nur minder merklich [...].« (773) Reflexion ist hier nicht durch ausschließlich kognitive Leistungen charakterisiert und an formale Bedingungen der Urteilsfunktion gebunden, sondern von der Sprache her gedacht. Es ist die Sprache, die den Mangel beseitigt; indem sie die Gegenstände gliedert und die Empfindung artikuliert, bildet sie eine Sphäre aus, die es dem Menschen erlaubt, sich in der Natur zu halten. Und dennoch läßt sich der ursprüngliche Mangel in der sprachlich erschlossenen Welt nicht vollständig aufheben. Herder hat im Verhältnis von freier Tätigkeit und spezifischer Unbestimmtheit des Menschen eine anthropologische Konstante gesehen. Konstant wird dieses Verhältnis aber erst durch die Sprache: Sie ermöglicht die Ausbildung historischer Welten und kann dennoch den Mangel an Bestimmtheit nicht grundsätzlich aufheben, weil sie an den nichtsprachlichen Grund der Natur gebunden bleibt.

»Die Basis der Menschheit ist also, wenn wir von willkürlicher Sprache reden, unaussprechlich.« (774) Das Verhältnis von Sprache und dem, was unaussprechlich ist, kann selbst nicht bestimmt werden, deswegen bleibt die sprachliche Welt offen. »Wir wachsen immer aus einer Kindheit, so alt wir sein mögen, sind immer im Gange, unruhig, ungesättigt: Das Wesentliche unsers Lebens ist nie Genuß sondern immer Progression, und wir sind nie Menschen gewesen, bis wir – zu Ende gelebt haben [...].« (773)

Der zweite Teil der *Abhandlung* soll demonstrieren, daß die Erfindung von Sprache den Kern menschlicher Tätigkeit ausmacht und wie ein Naturgesetz ausgelegt werden kann. Herder hatte zwar Reflexion als Bedingung von Sprache ausgezeichnet, diesen Ausdruck aber so weit gefaßt, daß darunter alle Formen der Symbolbildung fallen. Reflexion steht dafür, daß die Welt überhaupt semiotisch erschlossen werden muß, ihr Begriff gibt bei Herder zunächst keiner symbolischen Form den Vorrang. An einer transzendentalphilosophischen Analyse von Sprache ist Herder nicht interessiert. »[...] eine reine Vernunft ohne Sprache ist auf Erden ein utopisches Land.« (HW VI, 347 f.) Zwar versteht Herder Sprache als Bedingung, die Wissen erst ermöglicht; entscheidender ist es aber, daß Sprache selbst zum »sensorium commune« gehört, das der Erfahrung nicht vorausliegt, sondern sich als Erfahrung ausbildet und differenziert. Eine reine Sprache der Reflexion kann es nicht geben, weil in die Bildung von Sprache die Umstände eingehen, unter denen sie erfunden wird. Herder sucht nicht nach einer universellen Begriffssprache jenseits der Koordinaten der Erfahrung, zu denen er Raum und Zeit rechnet. Rhetorisch zugespitzt heißt es in der *Metakritik*: »Denn jeder Mensch kann und muß allein in *seiner* Sprache denken.« (SW XXI, 32, Anm. 1) Deswegen ist Herder an den konkreten Bedingungen interessiert, unter denen Sprache entsteht. Familie, Gesellschaft, Nation und schließlich Geschichte sind die Instanzen der Spracherfindung. Hier verweist der zweite Teil der *Abhandlung* schon auf die *Ideen zur Philosophie der Geschichte der Menschheit*, sie folgen der Ausbildung der Sphäre unter dem Aspekt einer Universalgeschichte.

Eine Philosophie der menschlichen Sprache

»[...] eine *Philosophie der menschlichen Sprache*. Welch ein großes Feld! wie viel ist an ihm noch zu bemerken, zu ordnen, zu säen, zu ernten! Nächst der Mathematik ist keine Philosophie, die den Verstand so aufklärt, die Begriffe so bestimmt, als diese, sie ist die wahre Kritik der reinen Vernunft sowohl als der Phantasie; der Sinne, des Verstandes hat sie allein die *Kriterien* in sich.« (SW XXI, 25, Anm. 1)

Die neuere Rezeptionsgeschichte offenbart auch, wie sehr das theoretische Werk Herders von einer Philosophie der Sprache getragen wird. Um es für durchgehend sprachphilosophisch begründet zu halten, müßten wir allerdings unter Sprache auch die kulturellen Formen jenseits der diskursiven Sprache verstehen wie die Kunst oder die Geschichte. Feststellen läßt sich aber doch soviel, daß Sprache bei Herder als Medium eingesetzt ist, in das sich alle Teile seines Werks übertragen lassen und so explizierbar werden. In der *Abhandlung* findet sich die Formulierung, im Menschen würden alle Zustände der Besonnenheit sprachmäßig. Sie gilt auch für das Werk selbst und gibt der Rezeption einen Schlüssel in die Hand.

Die Sprachphilosophie steht dafür, daß Herder auf einen Neubeginn in der Philosophie zielt, der nicht weniger radikal angelegt ist als die »kopernikanische Wende«, die Kant im Blick hat. Kants Vernunftkritik verabschiedet alle Formen des Abbilddenkens. Sie fragt nicht mehr nach dem Sein gegebener Objekte, die ein Wissen durch Darstellung oder Nachahmung ermöglichen, sondern danach, was wir von Gegenständen wissen und welche Ansprüche wir mit den Formen des Wissens verbinden können. Und sie trifft dabei auf die Selbsttätigkeit des Subjekts. Medium der Konstitution von Gegenständen ist das Bewußtsein, die Transzendentalphilosophie ist darum wesentlich Bewußtseinsphilosophie.

Auf eine andere Weise verabschiedet Herder alle Formen des Abbilddenkens, seine Kritik ergibt sich aus seiner Theorie der Sprache.[11] Deren Grundsatz lautet, daß Sprache das Sein durch Merkmale gliedert und ein Universum von Zeichen hervorbringt. Als »Besonnenheit« oder »Vernunft« bestimmt diese Funktion grundsätzlich die Erfahrung des Menschen. Deshalb, so heißt es bei Herder, »werden alle Zustände der Besonnenheit in ihm sprachmäßig«. Cassirer hat gesehen, daß Herder die Sprachphilosophie einsetzt, um eine sinnlich-anschauliche Welt jenseits der Sprache zu erschließen – die »Empfindung« –, und daß die Sprachphilosophie selbst schon die Wiedergewinnung der Ausdrucksmomente für die Sprache voraussetzt. »Wir erkennen alsdann, daß die isolierte ›Empfindung‹ so gut wie das isolierte Wort eine bloße Abstraktion ist. Die aktuelle, die lebendige Wahrnehmung ›besteht‹ so wenig aus Farben oder Tönen, aus Geschmäckern oder Gerüchen, wie der Satz aus Worten, das Wort aus Silben, die Silbe aus Buchstaben besteht. Von hier aus dringt Herder dazu vor, als Sprachphilosoph die Schranke zu negieren und niederzureißen, die die analytische Psychologie seiner Zeit zwischen den einzelnen ›Sinnesgebieten‹ aufgerichtet hatte.«[12]

Herder will alle Weltbezüge des Menschen zum Thema der Philosophie machen, und er sieht, daß sich dieser Anspruch als Theorie reiner Vernunft nicht einlösen läßt, weil die Reinheit der Vernunft zu Lasten der Sinnlichkeit geht. »Am übelsten ging es hiebei der gesammten Sinnlichkeit. Von zwei leeren langweiligen Larven, Raum und Zeit, die ihre Form Formlos tragen, hinweggescheucht, verschwand sie; man hört von ihr nur unter dem bösen Namen Empirismus. Ein Land voll Klüfte wird die menschliche Seele, eine traurige Mondcharte.« (SW XXI, 315)

Im Verhältnis von freier Tätigkeit und spezifischer Unbestimmtheit des Menschen hat Herder eine anthropologische Konstante gesehen, die wiederum in der Sprache manifest wird. Gegen das instrumentelle Verständnis einer universellen Begriffssprache oder die konzeptionelle Sprachansicht des Nominalismus hat die *Abhandlung* dargelegt, daß Sprache selbst historisch ausgezeichnet und in der Empfindung verankert ist. Die Wörter lassen sich nicht als bloß konventionelle Zeichen verstehen, aber auch nicht als bloß sinnliche. Was sie als Zeichen ausmacht, liegt in der Verknüpfung ästhetischer und logischer Eigenschaften. Als Bilder sind die Wörter logisch unbestimmbar; als logisch bestimmte Zeichen bleiben die Wörter zugleich angeschlossen an die Potentiale der sinnlich-anschaulichen Welt. An diesem Zug der Sprache, unbestimmbar bestimmt zu sein, hat Herder den Doppelcharakter des Menschen abgelesen: Als sinnliches Wesen unbestimmbar, muß der Mensch sich selbst durch Sprache bestimmen in einer unabschließbaren Progression, in der die kulturelle Welt offenbleibt. Ein stärkeres Gewicht noch als Gehlen oder Gadamer hat Cassirer dem Einspruch Herders gegen die Transzendentalphilosophie beigemessen. Cassirer hat gesehen, daß Herders Sprachbegriff außerordentlich weit angelegt ist und ganz unterschiedliche Qualitäten von Zeichen umfaßt: von den konkret-sinnlichen, den »unzergliederlichen« der Empfindung bis zu den diskret-abstrakten, den »zergliederlichen« des Verstandes. Daß Herder in seiner

Sprachphilosophie die diskursive Verfassung der Lautsprache überschreitet, symbolische Welten jenseits der Sprache erschließt und zugleich als »sprachmäßig« auslegt – darin hat Cassirer den kulturphilosophischen Kern in Herders Sprachtheorie gesehen.

2. Empfindung

Zum Thema wird Empfindung in der Philosophie des 18. Jahrhunderts vor allem unter psychologischen und ästhetischen Aspekten. Die Diskussion bleibt aber abhängig von erkenntnistheoretischen oder ontologischen Fragen, während Psychologie und Ästhetik sich als selbständige Disziplinen gerade zu konstituieren beginnen. Der Empirismus zielt auf eine Analyse der Erkenntnis, die von metaphysischen Voraussetzungen frei sein soll. Gegen die Annahme, unser Verstand würde von angeborenen Ideen (ideae innatae) geleitet, stärkt der Empirismus die Empfindungen (sensations) und versteht sie als Erfahrungsbasis für alle Vorstellungen überhaupt. Angesichts der Frage, ob die Empfindung bloß rezeptiv ist oder über ein kognitives Potential verfügt, entfaltet sich im empiristischen Vokabular ein Unterschied von Empfindung und Wahrnehmung, so daß der Wahrnehmung dann mehr kognitive Anteile zugeschrieben werden. Zugleich lassen sich an dieser Frage auch Differenzen im Verhältnis von Empirismus und Sensualismus ablesen, allerdings ist die Terminologie hier nicht einheitlich. Der Sensualismus hat die kognitive Seite der Empfindung noch einmal durch die Einsicht gestärkt, daß in der wechselseitigen Beziehung der Sinne aufeinander Erkenntnisleistungen liegen. Wahrnehmungsobjekte gelten immer schon als komplex vermittelt, weil sie z. B. durch Projektion von Tast- und Körpergefühlen in der Empfindung zustande kommen.

Auch in der Philosophie Leibniz' erhält die Empfindung die

kognitiven Qualitäten zurück, die Descartes ihr abgesprochen hatte. In der prästabilierten Harmonie einer durchgehend vernünftig bestimmten Welt verknüpft die Empfindung äußere und innere Welt, so daß äußere Vorgänge als innere wahrgenommen werden können; zudem verfügt die Empfindung über ein Gedächtnis. In seinem Modell abgestufter Erkenntnisformen weist Leibniz der Empfindung einen Platz als Erkenntnis an, die klar ist, weil sie Gegenstände nach Merkmalen ordnen kann, die aber zugleich verworren ist, weil sie sich selbst von anderen Erkenntnisformen nicht unterscheiden kann. Deswegen trägt Empfindung hier den Titel klar-verworrene Erkenntnis, »cognitio clara confusa«. Zwar ist diese Erkenntnisform vom philosophischen Wissen ausgeschlossen, das sich selbst als klar-unterschiedene Erkenntnis versteht, »cognitio clara distincta«. Aus der Kontinuität des Wissens ergibt sich aber für jede Erkenntnisform ein bestimmtes Maß an Autonomie. So hat der Philosoph Alexander Gottlieb Baumgarten (1714-1762) gezeigt, daß sich das klarverworrene Wissen als ästhetische Erkenntnis begründen und einem eigenen Gegenstandsbereich zuordnen läßt.

Das psychologische Interesse an der Empfindung ist im Empirismus ebenso wie das ästhetische Interesse im Rationalismus an der logischen Analyse der Erkenntnis ausgerichtet. Daß Empfindung jedoch in der Erkenntnis aufgeht – diese optimistische Annahme läßt sich für die Philosophie des 18. Jahrhunderts nicht mehr durchgehend voraussetzen. Immer mehr zielt das Interesse an der Empfindung auf das ab, was sich der Urteilsfunktion entzieht. So sieht Johann Georg Sulzer (1720-1779) in der Empfindung die Kontinuität der Erkenntnis unterbrochen, die ihr in Leibniz' Modell der prästabilierten Harmonie zukam.[13] Deswegen erscheinen die Empfindungen jetzt als »unwillkührliche Handlungen der Seele«, die wir uns niemals vollständig verständlich machen können. Baumgarten hat mit seiner Ästhetik die Erkenntnis nach unten erweitert, in den dunklen Grund der Seele (fundus animae). Die Einbeziehung der Sinnlichkeit hat jedoch Rückwirkungen auf das gesamte System der Erkenntnis. Daß sie sich im klassischen Rationalismus nicht mehr bewältigen lassen und daß andererseits der Empirismus zu kurz greift, will die Anthropologie des 18. Jahrhunderts zeigen. Ihr erklärtes Ziel ist es, das Wissen zu erweitern und auf den ganzen Menschen hin zu öffnen. Für dieses Programm steht Herders Parole von der »Einziehung der Philosophie auf Anthropologie«.

Herder hat entschieden die Tendenz in der ästhetischen Theorie seit Baumgarten aufgegriffen, Sinnlichkeit als autonome Erkenntnisform auszuzeichnen. Eine eigenständige Ästhetik hat er nicht formuliert.[14] Eher wäre von einer Theorie der Empfindung zu sprechen, die als Theorie der Erfahrungssinne die logische Erkenntnis an ihre sinnliche Basis rückbinden will. »Nicht zuletzt dieser Befund war es auch, der in der Forschung immer wieder dazu beigetragen hat, das ›Unsystematische‹ im Werk Herders zu konstatieren, wenn nicht gar zu beklagen.«[15] Aus einer anderen Perspektive wird jedoch sichtbar, daß Herders Theorie der Empfindung nur ein Baustein in der konsequenten Umsetzung seiner kopernikanischen Wende ist: die Vernunft zu erweitern durch die Einsicht, daß die Sinne selbst schon vernünftig sind. »Den Sinnen zu trauen und sie als Bedingung der Erfahrung anzuerkennen und zu untersuchen, das ist Herders anticartesianische These, die er immer wieder und wieder vorträgt.«[16]

Der Mittelpunkt der Gewißheit

Es liegt in der Konsequenz der anthropologischen Wende, wenn Herder die Ausrichtung der Erkenntnis an Verstand und Urteilsfunktion zurücknehmen und die Empfindung als autonomes Welt- und Selbstverständnis ausweisen will. Auch hier wird die Vorstellung verabschiedet, es könne nur die eine für alle verbindliche, vernünftige Welt geben, die sich im Rückgriff auf die Formen einer reinen Vernunft verständlich machen läßt. Herder verankert das Denken so weit in der Empfindung, daß es diese Bindung nicht mehr auflösen kann. »Alle unser Denken ist aus und durch Empfindung entstanden, trägt auch, Trotz aller Destillation, davon noch reiche Spuren. Die sogenannten *reinen* Begriffe sind meistens reine Ziffern und Zeros von der mathematischen Tafel, und haben, platt und plump auf Naturdinge unsrer so zusammengesetzten Menschheit angewandt, auch Ziffernwerth.« (SW VIII, 233 f.) Von der Theorie der Sprache aus zeigt sich, daß die sinnlich-anschauliche Welt selbst schon nach Merkmalen wie eine Sprache gegliedert und daß sie – wie die Sprache – Produkt der Besonnenheit oder der Reflexion ist. Gemeinsam ist Sprache und Empfindung, daß sie keine vorgefundene Welt abbilden, sondern eine eigene erst hervorbringen.

Noch vor der sprachphilosophischen Grundlegung seiner Philosophie in der *Abhandlung* macht Herder sich daran, die Empfindung als eigenständigen Modus der Welt- und Selbsterfahrung theoretisch auszuweisen. Während er bei Kant in Königsberg studiert, schreibt er 1764 – mit zwanzig Jahren – den kleinen Aufsatz *Versuch über das Sein*. Anlaß ist Kants Schrift von 1763 *Der einzig mögliche Beweisgrund zu einer Demonstration des Daseins Gottes*. Kant unterstellt, als Voraussetzung dafür, daß überhaupt etwas denkbar sei, müßten wir einen Realgrund annehmen; und er folgert daraus, es müsse einen »allerersten« Grund geben, wenn überhaupt etwas existiere. Der Grund ist dann »Gott« zu nennen. In seiner Kritik bezieht sich Herder auf Kants Unterscheidung in zergliederliche, deutliche Begriffe und solche, die nur teilweise oder aber ganz »unauflöslich« sind. Die deutlichen Begriffe beziehen sich wie in der Mathematik auf thetische Gegenstände, die genau das enthalten, wofür sie gelten sollen; die undeutlichen Begriffe beziehen sich auf faktische Gegenstände, die sich in unterschiedlichem Grad nach Merkmalen zergliedern lassen. Völlig unauflöslich ist nach Kant der Begriff des bloßen »Daseins«. In Kants Gottesbeweis bemerkt Herder, daß dort die Faktizität des Daseins als Denkgrund eingesetzt ist, und er kritisiert das als Vermischung von logischem Begriff und Erfahrungsbegriff (von Real- und Denkgrund). Herder besteht darauf, daß das Sein unzergliederlich ist und deswegen logisch gar nicht aufgehoben werden kann, wie Kant das in seinem Gedankenexperiment unterstellt. Zugleich ist das Sein jedoch Mittelpunkt der Gewißheit: »So ist das Sein: – unzergliederlich – unerweislich – der Mittelpunkt aller Gewißheit.« (HW I, 20)

Herder geht es darum, einen Begriff von Sein einzuführen, der dem Zugriff der logischen Urteilsfunktion entzogen ist. »Das einfache Reale kann von der logischen Analyse also gar nicht tangiert werden. Diese nicht-beweisbare Gewißheit des Seins ist der ontologische Ausgangspunkt Herders.«[17] Gerade darin liegt die Zumutung dieser frühen Schrift, einen Begriff zur Voraussetzung von Philosophie zu machen, der sich der Analyse entzieht. Aber die logische Begriffsanalyse ist Herder nur »der elende Trost zur Deutlichkeit«, auf den er verzichten will, »denn meine Begriffe sind – – – sinnlich. Ich ziehe sie ab, verfeinige sie vom Sinnlichen, bis dieses sich nicht mehr verfeinigen läßt, der grobere Klumpen bleibt übrig siehe das war unzergliederlich. [...] ja wenn wir ganz Philosophen ohne Menschen wären [...].« (HW I, 11) Der grobere Klumpen – das ist theoretisch das Problem der Sinnlichkeit, das zu den herausragenden Themen in der Philosophie des 18. Jahrhunderts zählt, seitdem Baumgarten 1735 »Ästhetik« als Möglichkeit einer Wissenschaft von der sinnlichen Erkenntnis eingeführt hatte. Die Ästhetik erweitert zunächst den Bestand der Philosophie; immer mehr tritt sie aber als Kritik der traditionellen Metaphysik auf, um ihr vorzuhalten, daß sie nur über einen reduzierten Begriff von Sinnlichkeit verfügt.[18] »Die beabsichtigte ›Erweiterung‹ entwickelt sich in der zweiten Hälfte des 18. Jahrhunderts als Antrieb zur Sprengung der traditionellen Metaphysik. Die cognitio philosophica wird dabei gewissermaßen vom Kopf auf die Füße gestellt.«[19]

Im *Versuch über das Sein* rückt Herder das Thema der Sinnlichkeit entschieden in das Zentrum philosophischer Fragen. In der kategorialen Unterscheidung von unmittelbarer Existenzgewißheit und demonstrativem Wissen durch Beweisgründe koppelt er das Sein von der Zuständigkeit der Urteilsfunktion ab und schreibt es einer, wie es später heißt, »Logik der Empfindung« zu.[20] Daß überhaupt etwas ist, läßt sich nicht begründen; als »allersinnlichster« Begriff ist Sein dennoch zugänglich und durch die Sinne erschließbar. »Das Sein ist der allersinnlichste [Begriff]; er ist also der eine total unzergliederliche, und alle anderen sind dies nur zum Teil, weil sie sich alle in ihn auflösen lassen. Anbei behält ein jeder Begriff etwas eignes Unzergliederliches in so fern wir *ihn* empfinden, und das ihn zum besonderen Begriff macht.« (HW I, 20)

Das Sein ist unzergliederlich und deswegen in analytisch-klaren Begriffen nicht sagbar; es ist aber gleichzeitig »das Element, mit dem wir umhüllt sind«, und insofern sinnlicher Erfahrung zugänglich, allerdings in unterschiedlichem Maß. (Vgl. HW I, 14) Je sinnlicher die Erfahrungsdaten, desto weniger lassen sie sich logisch explizieren, zugleich aber gilt: Jenseits des Seins als allersinnlichsten Begriffs ist das Sein artikuliert und deswegen auch interpretierbar. Ulrich Gaier hat schon im *Versuch über das Sein* die Grundrisse für eine umfassende Symboltheorie gesehen:

»[...] alles, was nicht erfahrenes Sein selbst ist, ist mehr oder weniger dicht verhülltes Sein, Zeichen, welches das Sein individualisiert, charakterisiert, historisiert und auf das Sein durchsichtig bleiben muß [...].«[21]

Unerweislich und doch Mittelpunkt der Gewißheit: Mit dieser Formel begründet Herder eine Logik der Empfindung, die er an die Seite der Vernunftlogik stellt.[22] Im *Versuch über das Sein* wird ein Grundsatz in Herders Philosophie deutlich, den wir uns als Leibapriori verständlich machen können: Nicht die reinen Formen des Denkens, sondern die an den Leib gebundene Sinnlichkeit bildet den unaufhebbaren Kontext, aus dem wir die Gewißheit unserer Existenz beziehen.[23] Herder hat den Grundsatz, daß der Leib unsere Erfahrung ermöglicht und bestimmt, später in der Parole ausgedrückt: *»Ich fühle mich! Ich bin!«* (HW IV, 236)

1773, ein Jahr nach Veröffentlichung der *Abhandlung*, beteiligte Herder sich erneut an einer Preisaufgabe der Berliner Akademie. Gefragt wurde diesmal nach dem Verhältnis von Erkennen und Empfinden der menschlichen Seele. Johann Georg Sulzer hatte in der Formulierung des Themas deutlich gemacht, daß Erkennen und Empfinden als zwei voneinander getrennte Seelenkräfte verstanden werden sollten. In seiner Antwort bestritt Herder diese Voraussetzung, um darzulegen, daß wir es mit zwei unterschiedlichen Einstellungen zur Welt zu tun haben, die in der menschlichen Seele eine Einheit bilden.[24] Der Preis wurde zunächst überhaupt nicht vergeben, die Aufgabe neu ausgeschrieben. In einer überarbeiteten Fassung setzte Herder alles daran, die Voraussetzung dualistischer Seelenkräfte noch entschiedener zurückzuweisen. Nachdem der Preis nicht an ihn gegangen war, entschloß er sich zu einer erneuten Überarbeitung und veröffentlichte *Vom Erkennen und Empfinden in der menschlichen Seele* dann 1778 anonym.

Herder sucht in der Empfindung eine Basis, die tief in der organischen Natur liegen soll. Und er findet sie in Hallers physiologischem Reizbegriff. »Tiefer können wir wohl die Empfindung in ihrem Werden nicht hinabbegleiten, als zu dem sonderbaren Phänomenon, das *Haller* ›Reiz‹ genannt hat. Das gereizte Fäserchen zieht sich zusammen und breitet sich wieder aus; vielleicht ein Stamen, das erste glimmende Fünklein zur Empfindung, zu dem sich die todte Materie durch viele Gänge und Stufen des Mechanismus und der Organisation hinaufgeläutert. – So klein und dunkel dieser Anfang des edlen Vermögens, das wir Empfindung nennen, scheine; so wichtig muß er seyn, so viel wird durch ihn ausgerichtet.« (SW VIII, 171)

Der Reiz bildet die äußerste Grenze der Wahrnehmbarkeit. Herder nimmt dort einen Abgrund wahr, und er hält vor allem der rationalistisch orientierten Aufklärung vor, die dunkle Seite der Sinnlichkeit in der Ordnung ihrer Systeme verschwinden zu lassen. »Vor solchem Abgrunde dunkler Empfindungen, Kräfte und Reize graut nun unsrer hellen und klaren Philosophie am meisten [...].« (SW VIII, 179) Diesen dunklen Grund der Seele will Herder in die Begründung von Erkenntnis einbeziehen, deswegen macht er vor einer rein physiologischen Auflösung der Empfindung halt. Es ist oft bemerkt worden, daß Herder die Reiztheorie Hallers umdeutet, indem er in die Irritabilität der Muskeln die Sensibilität der Nerven projiziert, so daß er den Reiz als Stufe des Sensiblen auslegen kann, wenn auch als unterste. Die Seele ist der Naturkraft der Reize zwar hilflos ausgeliefert, durch die Sensibilität der Nerven werden die Reize jedoch kanalisiert. So steht die Seele »auf einem Abgrunde von Unendlichkeit und weiß nicht, daß sie darauf stehe; durch diese glückliche Unwissenheit steht sie fest und sicher« (SW VIII, 185). Schon im Reiz ist eine Kraft wirksam, die sich als Empfindung manifestiert. Entscheidend ist, daß die Empfindung nicht bloß als sinnliche Basis der Vernunft verstanden wird, sondern als eigenständiger Zugang zur Welt gelten soll. Die Sinne erschließen den Gegenstand und konstituieren ein »sinnliches Universum«, in dem die einzelnen Empfindungen aufeinander verweisen und ineinander übersetzbar sind. Auch hier erscheint das Subjekt der Empfindung als denkendes »sensorium commune«. »Das Gesicht borgt vom Gefühl, und glaubt zu sehen, was es nur fühlte. Gesicht und Gehör entziffern einander wechselseitig: der Geruch scheinet der Geist des Geschmacks, oder ist ihm wenigstens ein naher Bruder. Aus dem Allen webt und würkt nun die Seele sich ihr Kleid, ihr sinnliches Universum.« (SW VIII, 189)

Dieses sinnliche Universum ist zur Materie durch den Reiz abgegrenzt: Der Reiz ist »todte Materie« und zugleich »Keim der Empfindung«. Es ist Herders Anspruch, diese äußerste Grenze der Sinnlichkeit in die Begründung von Erkenntnis einzubeziehen. Vor den Abgründen der Seele, die er im Reiz erkennt, schreckt er theoretisch nicht zurück, sondern reiht sie in die Kontinuität einer durchgehenden Ordnung ein. Dazu heißt es in den *Ideen* sehr prägnant: »Das Resultat der Reize wird Trieb; das Resultat der Empfindungen, Gedanke: ein ewiger Fortgang von organischer Schöpfung, der in jedes lebendige Geschöpf gelegt ward.« (HW VI, 82) Der Begriff dieser Ordnung ist nicht mehr theologisch gedacht, aber doch analog zur göttlichen Schöpfung ausgelegt. Herder deutet die Schöpfung als Bildungsprozeß um, der sein Ziel in der Herstellung der Menschheit hat. Und er entnimmt der Schöpfungsanalogie die Aufforderung, das Ganze dieser Ordnung vollständig darzustellen, darin liegt der durchaus holistische Anspruch der Anthropologie, die er im Blick hat – vom Reiz bis zum Gedanken der Schöpfung.

»Alles Vereinzelte ist Verwerflich«: Auch für Herders Theorie der Empfindung gilt Goethes Maxime, die in der Kritik an der herrschenden Philosophie greifbar wird, sie würde die Spaltung der Erkenntniskräfte betreiben. Herder geht es um einen Rückbezug auf die Erfahrung, um so eine Rehabilitierung der Sinnlichkeit in Gang zu setzen. Anschlußmöglichkeiten ergeben sich aus der Analyse der Wahrnehmung im Empirismus und im Sensualismus, die Herder vor allem Condillac (*Traité des sensations*, 1754) und Diderot (*Lettre sur les aveugles*, 1749) entnimmt. Relevant ist hier, daß der Tastsinn ausgezeichnet werden soll – das Gefühl oder der Gefühlssinn, wie es in der zeitgenössischen Terminologie heißt. Diskutiert worden ist die Frage, ob ein Blindgeborener nach seiner Heilung die neugewonnene Seherfahrung mit seiner Tasterfahrung würde koordinieren können. Wäre er zum Beispiel in der Lage, den Unterschied zwischen Kugel und Würfel zu sehen? George Berkeley hat sich mit dieser Frage ausführlich auseinandergesetzt (*Essay Towards a New Theory of Vision*, 1709) und dargelegt, daß optische Eindrücke durch Verbindung von Tast- mit Körpergefühlen gebildet, also gelernt werden. Gesichtswahrnehmungen verstehen wir als Zeichen möglicher Körpererfahrung, so daß den Sehdaten die Rolle von Symbolen für Tastdaten zukommt. Der Koordination von Auge und Hand entnimmt Herder, daß alle Sinnesdaten für alle Sinne als Zeichen auftreten können und daß wir uns deshalb als denkendes »sensorium commune« auffassen können, wie es in der *Abhandlung* heißt.

Herder hat die herausragende Bedeutung des Tastsinns für eine anthropologische Fundierung der Erkenntnis in einem kleinen Text während des Aufenthalts in Paris 1769 dargelegt: *Vom Sinn des Gefühls*. In den Theorien der Wahrnehmung bei Berkeley, Diderot oder Condillac ist der Tastsinn als Organ ausgewiesen, das uns eine Beziehung zur Außenwelt gestattet, weil es die Sinnesdaten nicht nur mit dem optischen Sinn koordiniert, sondern zugleich auf den Körper bezieht. Schon Condillac vertrat die These, daß sich im Schnittpunkt dieser Bewegungen das Gefühl selbst berührt und als Selbstgefühl eine erste Form der Ich-Identität ausbildet. Diesen Befund hat Herder in der Parole ausgedrückt: *»Ich fühle mich! Ich bin!«* Unverkennbar ist dieser Satz gegen den Anspruch Descartes' gerichtet, das Wissen jenseits sinnlicher Wahrnehmung in den intuitiv zugänglichen Formen des reinen Verstandes zu begründen. Gegen die Gewißheit eines Cogito, das sich ohne konkrete Weltbezüge im Denken erfassen soll, setzt Herder eine Gewißheit, die sich aus dem Gefühl ergibt, mit dem wir die Realität und uns selbst zugleich berühren. Der Satz *»Ich fühle mich! Ich bin!«* benennt deutlicher noch als der *Versuch über das Sein* von 1764, daß der Leib zum Horizont der kopernikanischen Wende der Philosophie geworden ist. An diesem Grundsatz hat Herder stets festgehalten.

Die Einheit der Sinne: Ein denkendes »sensorium commune«

Herders Theorie der Empfindung ist gegen die sensualistische Psychologie des 18. Jahrhunderts gerichtet, die nach dem Vorbild der Naturwissenschaften in der Zerlegung der Wahrnehmung neutrale, d.h. sinnfreie Elemente nachweisen wollte. »Alle Zergliederung der Sensation bei *Buffons*, *Condillacs* und *Bonnets* empfindendem Menschen sind Abstraktionen: der Philosoph muß einen Faden der Empfindung liegen lassen, indem er den andern verfolgt – in der Natur aber sind alle die Fäden Ein Gewebe!« (HW I, 745) Dagegen setzt Herder seine sprachphilosophische Einsicht, daß die Empfindungen nicht isoliert auftreten, sondern wie die Worte der Sprache gegliedert sind und einen Sinnzusammenhang bilden.

In der *Abhandlung* macht Herder deutlich, daß an der Erfindung der Sprache mehrere Sinne beteiligt sind: zunächst Ohr und Auge, grundsätzlich lassen sich aber alle Sinne einsetzen. »Wie hängt Gesicht und Gehör, Farbe und Wort, Duft und Ton zusammen? Nicht unter sich in den Gegenständen; aber was sind denn diese Eigenschaften in den Gegenständen? Sie sind bloß sinnliche Empfindungen in uns, und als solche fließen sie nicht alle in eins? Wir sind ein denkendes sensorium commune, nur von verschiednen Seiten berührt – Da liegt die Erklärung.« (HW I, 743f.) Beantworten läßt sich die Frage nach dem Ursprung der Sprache nur im Zusammenhang aller sinnlichen Kräfte, mit denen der Mensch durch seinen Leib auf die Welt bezogen ist. In der Rückbindung an den Leib findet Herder nicht nur die Sinnlichkeit bestimmt, sondern alle Erkenntniskräfte des Menschen. Noch in den abstraktesten Operationen des Verstandes sind wir, was wir von Anfang waren: ein denkendes »sensorium commune«. Deswegen besteht Herder darauf, daß schon der erste Zugang zur Welt besonnen oder vernünftig ist. Die Einheit der Erkenntniskräfte läßt sich nur behaupten, wenn die Empfindung mehr leistet, als Daten zu liefern, die dann der Verstand bearbeitet. Als besonnen legt Herder die Empfindung aus, weil sie Realität nicht abbildet, sondern »erfindet«: Seit der *Abhandlung* versteht er darunter die fundamentale Tätigkeit der Besonnenheit, etwas mit Merkmalen oder Zeichen zu versehen und damit überhaupt erst Gegenstände zu konstituieren. Die Sinne erschließen jeweils eigene Welten, indem sie Zeichenpotentiale ausbilden, die sich untereinander verknüpfen lassen. Entscheidend für die Sprachtheorie Herders bleibt die Einsicht, daß die verbale Sprache an eine sinnliche Basis gebunden ist und daß wir auch im Gebrauch der Sprache an die sinnliche Erfahrung verwiesen sind.

Wenn Gehlen in der *Abhandlung* das Fundament für eine Anthropologie sieht, das er bis ins 20. Jahrhundert für tragfähig hält, so ist diese Einschätzung auch darauf gestützt, daß Herder sinnliche Wahrnehmung als symbolische Gliederung der anschaulichen Welt versteht. An der Urszene zur Erfindung der Sprache führt Herder vor, daß Zeichen nach einem Verfahren zustande kommen, das Gehlen im Anschluß an die Wahrnehmungspsychologie Dekomposition genannt hat. Entscheidend ist hier, daß Symbolbildung durch »Auflösung von Situationen in einzelne sensorische Akzente und deren Beziehungen« und nicht durch Abstraktion von den Gegenständen oder durch Reihenbildung isolierter Elemente erfolgt. »Da uns wahrnehmend weniger Einzeldinge als Gesamtsituationen gegeben sind, aber solche eben in gegliederter Form, wobei die Gliederungspunkte jeweils solche Symbole sind, so entsteht Beziehungserfassung grundsätzlich durch Dekomposition, Auflösung von Situationen in einzelne sensorische Akzente und deren Beziehungen, niemals durch Addition.«[25]

Herders Parade-Schaf liefert diesen sensorischen Akzent, das Merkmal, indem es einen Laut von sich gibt, der dann als Wort zum Zeichen für alle anderen Eigenschaften wird, über die es sonst noch verfügt. Aber auch die optische Welt kommt durch Dekomposition zustande. Die sensorischen Akzente bilden ein Reservoir von Merkmalen, die dann mit sprachlichen Zeichen verknüpft werden können. Daß Herders Theorie der Empfindung sich in Begriffen der Gestaltpsychologie verständlich machen läßt, verweist auf ein gemeinsames Interesse. Es ist gegen die Annahme isolierter, atomarer Empfindungsdaten gerichtet, aus deren Addition dann erst Sinn hervorgehen soll. Solche Positionen, die sich aus der Orientierung der Psychologie an den Naturwissenschaften ergeben, waren in der Mitte des 18. Jahrhunderts ebenso aktuell wie noch zu Beginn des 20. Die Gestalttheorie hat dargelegt, daß Erfahrung und Denken mit Elementen operieren, deren Sinn in den Beziehungsgefügen schon gegeben ist und nicht erst nachträglich erzeugt werden muß. Die Ausbildung sinnlich-anschaulicher Strukturen gilt dann auch als kognitive Leistung, die Erkenntnis ermöglicht; von den Verstandesleistungen unterscheidet sie sich nicht prinzipiell, sondern nur dem Grad nach.

Herders Kritik an der Psychologie der Empfindungsatome ist sprachphilosophisch motiviert. Seine Theorie der Empfindung geht aus der Einsicht hervor, daß sich die Daten in der Wahrnehmung ebensowenig voneinander isolieren lassen wie die Worte in der Sprache. Deswegen erscheint die Sprachtheorie zugleich als *Abhandlung über den Ursprung der Empfindung*. Daß Sprache und Empfindung sich auf einen gemeinsamen Ursprung beziehen lassen, gehört zum kritischen Potential der anthropologischen Wende. Herder richtet es gegen alle philosophischen Positionen, die durch Isolierung und Vereinzelung Erkenntnisgewinne erzielen wollen; gemeint ist damit auch Kants transzendentalphilosophische Teilung in Sinnlichkeit und Verstand.[26] Herder beklagt die »Spaltung der Erkenntniskräfte« und bemerkt, daß die Teilung zu Lasten der Sinnlichkeit geht. (SW XXI, 315) Sein Einspruch wendet sich dagegen, daß Kant Sinnlichkeit nicht nur vom Verstand, sondern auch von der Erfahrung abkoppelt und zu einem Apriori reiner Anschauung macht; sie wird so auf das Maß zurückgenommen, das den Verfahrensregeln des Verstandes entspricht.

Zu Kants *Kritik der reinen Vernunft* bemerkt Herder, daß sie das Wissen auf die logische Urteilsform beschränkt und deswegen als allgemeine Erkenntnistheorie gar nicht auftreten kann. Herder will alle Weltbezüge des Menschen zum Thema machen, und er sieht, daß sich dieser Anspruch als Theorie reiner Vernunft nicht einlösen läßt. »Gegen den Purismus der Vernunft« hieß Hamanns Parole, die er in seiner *Metakritik* von 1784 gegen die Transzendentalphilosophie gerichtet hat. Sie wandte sich gegen die Konstruktionen einer reinen Vernunft, die von Erfahrung, Tradition und Sprache abgeschnitten ist. Gegen den Purismus der Vernunft: das ist auch für Herders anthropologische Wende der Philosophie verpflichtend. Deswegen wird Sinnlichkeit nicht unter der Frage abgehandelt, wie reine Formen der Anschauung möglich sind; sie tritt jetzt als Instrumentarium auf, als »Sonderungs-Werkzeug« zur Erschließung der konkreten historischen Welt.

Gegen die Spaltung der Erkenntniskräfte setzt Herder seine sprachphilosophische Einsicht, daß in der Sprache Sinnlichkeit und Verstand untrennbar aufeinander verweisen, daß aber beide für sich genommen besonnene oder reflexive Einstellungen zur Welt sind. Reflexiv sind diese Einstellungen aus einem pragmatischen Grund: Indem sie das Wahrnehmbare oder das Denkbare gliedern und es mit Merkmalen versehen, bilden sie die kulturelle Sphäre aus, die es dem Menschen überhaupt erlaubt, sich in der Natur zu halten. Weil auch Sinnlichkeit ihre Gegenstände nicht bloß abbildet, sondern mit Zeichen versieht, kommt ihr wesentlich eine kognitive Funktion zu. Es gibt kein Zurück hinter die reflexive Aneignung, sie bestimmt grundsätzlich das Verhalten des Menschen zur Welt und sichert die Einheit der Erkenntniskräfte. »Ein leiser Faden knüpft die dunkelste Empfindung mit der hellesten Vernunfthandlung; alle Erkenntniskräfte beschäftigt dasselbe Werk, *Innewerden, Anerkennen, sich aneignen*. Das Unterste arbeitet dem Obersten vor, nach einem und demselben Gesetz, in Einer vielarticulirten Symmetrie, Harmonie, Eintracht.« (SW XXI, 316)

Herder hat das frühe Modell aus der *Abhandlung* aufgenommen, nach dem wir uns als denkendes »sensorium commune« verstehen müssen, wenn wir Einsicht in den Ursprung der Sprache gewinnen wollen. In der *Metakritik* dient dieses Modell später dazu, die Empfindung im Verhältnis zu Verstand und Vernunft in die Einheit der Erkenntniskräfte zu integrieren. »Den Eindruck auf unsre Sinne, sofern wir sein *inne wurden*, nannten wir *Empfindung*; das Wort sprach die Sache aus. *Wir fanden etwas uns an*, uns sich mittheilend; wir *mußten* (das bewirkte der Eindruck) daran Theil nehmen.« (SW XXI, 82 f.) Die Teilnahme konstituiert den Gegenstand in doppelter Hinsicht: Semiotisch löst sie das Wahrnehmungsfeld in Merkmale auf, die zur Bezeichnung des Gegenstands dienen; pragmatisch führt sie eine Perspektive ein, die sich in der Auswahl bestimmter Merkmale zur Bezeichnung des Gegenstands äußert. »Nie wirken nämlich *alle* Gegenstände, nie *Alles* in den Gegenständen mit gleicher Macht auf uns; Eine Eigenschaft ruft den andern vor, und so wird das was man in einem Gegenstande das *Anziehende* (Intereßante) id quod interest nennt, ein *foderndes Eins aus Vielem.*« (SW XXI, 84) Herders Theorie der Empfindung ist an der konkreten sinnlichen Ausstattung des Menschen orientiert; sie soll darlegen, daß die Sinnlichkeit einen eigenen und eigenständigen Zugang zur Welt gewährt. Dem widerspricht die Vielfalt der Sinne nicht; im Gegenteil bestätigt der mehrfache Sinn, daß die Empfindung die Welt nicht abbildet, sondern nach unterschiedlichen Merkmalen gliedert und einen inneren Sinn ausbildet.[27] »Wozu dies alles? Bemerkbar zu machen, daß unsre Natur, so viel Kräfte wir ihr auch mit Recht zuschreiben, nur Eine Hauptkraft des *Innewerdens*, und zwar unter dem großen Gesetz: *›Eins in Vielem‹* kenne, das das Wort *Innewerden* selbst ausdrückt. Und zwar geschieht dies durch ein sich uns aufdringendes, uns analoges, mitgetheiltes Merkmahl; wir empfinden.« (SW XXI, 86)

Der dunkle Grund der Seele: Ästhetik

Zu den Konsequenzen der kopernikanischen Wende gehört, daß die sinnlich-anschauliche Welt Eigengewicht erhält und mehr sein soll als nur Material für den Verstand. Das ist gegen die frühe, logoszentrierte Aufklärung gerichtet, für die Sinnlichkeit nur so weit von Interesse war, wie sie zur Verbesserung logischer Erkenntnis dienlich war. In der Bezeichnung auch der Empfindung als »cognitio« sieht Herder noch bei Baumgarten dieses Interesse wirksam. Aber auch in Kants strikter Trennung von Sinnlichkeit und Verstand bemerkt er ein krasses Ungleichgewicht zugunsten der logischen Urteilsfunktion. Dagegen setzt Herder die Einheit der Erkenntniskräfte, indem er schon die Sinnlichkeit als reflexiv oder besonnen auslegt. Seine Theorie der Empfindung ist zwischen den philosophischen Schulen plaziert. Um der Empfindung zu eigenem Recht zu verhelfen, schließt er sie an Positionen der empirischen Psychologie an; zugleich folgt er dem rationalistischen Impuls, die Erkenntnis bis zum dunklen Grund der Seele voranzutreiben. In dieser doppelten Ausrichtung ist die Theorie der Empfindung als Ästhetik angelegt.

Leibniz hat in seiner Klassifikation der Erkenntnisvermögen auch der Empfindung einen Platz angewiesen. Weil sie nur Gegenstände bezeichnen, sich aber nicht reflexiv auf sich selbst beziehen kann, wird sie als klar-verworrene Erkenntnis (cognitio clara confusa) beschrieben und vom philosophischen Wissen (cognitio clara distincta) ausgeschlossen. Erst Baumgarten unternimmt es, das klar-verworrene Wissen als ästhetische Erkenntnis zu begründen und einem eigenen Gegenstandsbereich zuzuordnen: Das ist die Aufgabe der Ästhetik. Was an der Empfindung für Leibniz noch den Mangel des Unzergliederlichen trägt, ist bei Baumgarten umgedeutet in den Vorzug des Unmittelbar-Konkreten. Attraktiv an der Ästhetik Baumgartens ist für Herder das Modell abgestufter Erkenntnisformen, das er als Beitrag für eine Rehabilitierung der Sinnlichkeit versteht. Es ist der dunkle Grund der Seele, den er zum Thema macht, aber nicht als ästhetische Theorie der schönen Künste, sondern als Grundlegung der Philosophie. Daß sich das Dunkle nicht als Begriff logischer Erkenntnis fassen läßt und doch als Form der Erkenntnis ausgezeichnet werden soll, ist nur ein weiteres der vielen Probleme, die aus der kopernikanischen Wende der Philosophie entstehen. In der Fragmentsammlung zur Ode (1764/65) hat Herder das Grundproblem seiner ästhetischen Theorie benannt. »Je mehr sich die Lehren der ganzen Weltweisheit, der Erfahrung und den subjektiven Begriffen des Seins nähern: desto gewisser werden sie zwar, aber auch desto unerklärlicher: und die Unzergliederlichkeit der aesthetischen Grundsätze scheint ebenso zu wachsen, je mehr sie zur Empfindung des Schönen absteigen. Ja weil die Aesthetik überhaupt sehr nahe mit unserm Busen verwandt ist, da sie sich statt allgemeiner Vernunftgrundsätze mit den feinsten Erfahrungen der *Empfindung* beschäftigt: so ist ihr Knäuel auch schwerer zu entwickeln, als andre mehr angebaute metaphysische Begriffe.« (HW I, 77 f.)

Hans Adler hat Herders Rückgriff auf die Metapher der Prägnanz als Versuch verstanden, diesem Dilemma der Erkenntnis zu entgehen. »Der Weg der Einführung des Dunklen in die Philosophie ist der über die Metapher, und diejenige zentrale Metapher, mit der Herder den Zugriff auf das anthropologische Datum des Dunklen sucht, ist die Metapher der *Prägnanz*.«[28] Mit Prägnanz ist ein Überschuß an Sinn gemeint, eine Polyvalenz, die sich nicht als eindeutige Beziehung von Zeichen und Gegenstand interpretieren läßt, die aber gerade durch diesen Überschuß Sinnperspektiven eröffnet. »Dasjenige, was im übertragenen Sinn ›prägnant‹ ist, enthält Vieles, und dieses Viele kann entwickelt werden.«[29] Prägnante Zeichen sind weder begrifflich klar noch methodisch erzeugbar. Ausgeprägt ist aber ihr Zeichencharakter selbst, weil sie auf das Viele hinweisen, das sie als überschüssigen Sinn enthalten. Im Rückgriff auf die Metaphorik der Prägnanz zeigt sich, daß Herder den Mangel an begrifflicher Klarheit, den die rationalistische Ästhetik im Grunde der Seele feststellt, als Überschuß an Sinn deutet. Prägnant sind alle Erfahrungsdaten, die in der Empfindung erschlossen sind; deswegen lassen sie sich auch in unterschiedlichen Perspektiven interpretieren. »Prägnanz« ist aber auch ein Begriff aus der Wahrnehmungspsychologie, den Cassirer und Gehlen eingesetzt haben, um die kognitive Leistung sinnlicher Wahrnehmung zu betonen. Herders Formel für die reflexive Aneignung von Wirklichkeit, »Eins in Vielem zu bemerken«, setzt voraus, daß sich die Fülle an Erfahrungsdaten für die Subjekte sinnvoll gliedern läßt. Das bestätigen die Anthropologie Gehlens und die Kulturphilosophie Cassirers.

Aktueller Ausgangspunkt für Herders Programm einer Ästhetik ist, daß er das Lebensalter der Sprache ebenso wie das Zeitalter für prosaisch hält und seine Ästhetik auf die bürgerlich-prosaischen Zustände verpflichten will. »1. Unsere Zeit ist nicht eigentlich Poetisch: 2. Mehr Philosophisch: wie weit eines dem andern entgegensteht.«[30] Diese Diagnose ist durchaus als Kritik an »unserem bürgerlichen Volk« gemeint, dem Herder bescheinigt, »Antipoden der Menschheit« zu sein. Zwar erinnert dieser Ton an Rousseau, aber Herder begreift weder die eigene Epoche noch die Kultur insgesamt als Entfremdung, sondern als Manifestation menschlicher Tätigkeit unter dem Aspekt von Zeit. Der abstrakt gewordenen Vernunft eine Poesie der Empfindung entgegenzuhalten würde dem Ziel der anthropologischen Wende widersprechen, die Spaltung der Erkenntniskräfte zu überwinden.

Herder hat seine Ästhetik von einer Theorie der Empfindung aus formuliert. Zu Recht hat Irmscher diesen Kern als Ästhesiologie nach dem Ausdruck Plessners bezeichnet, die es mit allen Kräften zu tun hat, die an der Bildung der Sinne beteiligt sind.[31] »Jeder Sinn hat seine Welt, seinen Kreis« lautet die Formel, die von Anfang an für Herders Theorie der Empfindung gilt (vgl. SW XXXII, 518).[32] In dieser Hinsicht ist auch die *Abhandlung* ein Stück Ästhetik. Zwar geht es dort nicht um das Kunstschöne, aber die Suche nach dem Ursprung von Sprache ist an der Einheit der Sinne orientiert. Mit dem Leitfaden des »sensorium commune« fragt Herder nach dem Anteil der einzelnen Sinne an der Erfindung der Sprache und nach dem Grad ihrer jeweiligen Sprachmäßigkeit. Darin ist schon die ästhetische Relation zwischen Wahrnehmungsformen und Darstellungsformen angelegt, die Herder vor allem im *Vierten Kritischen Wäldchen* (1769/1864) entfaltet. Aus der Fundierung in einer Psychologie der Sinne gewinnt Herders ästhetische Theorie ihre Ausrichtung: Sie soll nicht normativ sein, und sie soll das gesamte Spektrum der Kunst umfassen. Motiviert ist das *Vierte Kritische Wäldchen* auch durch die Auseinandersetzung mit Friedrich Justus Riedel (1742-1785), dem Herder vorhält, daß der Begriff der Schönheit nicht zu den angeborenen Ideen zu rechnen sei. Dagegen setzt Herder, daß Geschmack sich bildet und deswegen ein habituelles Anwenden unseres Urteils auf Gegenstände der Schönheit ist. (Vgl. HW II, 279 u. 282) Gegen eine »Ästhetik von oben«, die er auch bei Baumgarten wahrnimmt, setzt Herder das Programm eines induktiven Verfahrens, das ästhetische Erfahrungen auf die ihnen zugeordneten Sinne bezieht. Damit ist zugleich die Einschränkung auf Poesie und Rhetorik aufgehoben, von der aus Baumgarten seine Ästhetik formuliert hatte.

Plastik: Ein fühlbarer Begriff der Vollkommenheit

Für die Begründung seiner Ästhetik spielt die Plastik eine entscheidende Rolle. 1778 hat Herder unter diesem Titel eine Arbeit veröffentlicht, die sich auf langjährige Studien und Entwürfe stützt.[33] Diskutiert werden Fragen der Plastik im Verhältnis zur Malerei, dabei ist die Theorie der Erfahrungssinne, die Ästhesiologie, vorausgesetzt. So ergibt sich aus der Zuordnung der Plastik zum Tastsinn und aus der Zuordnung der Malerei zum Gesichtssinn die theoretische Ausgangssituation. Auch die *Plastik* schließt an die Ästhetik Baumgartens in der Absicht an, sie zu überbieten. Herder will die ästhetischen Gegenstände nicht mehr unter dem rationalistischen Leitbegriff »cognitio« abhandeln. (Vgl. HW I, 671) Baumgarten hält er vor, seine Ästhetik an den Vorgaben der Logik ausgerichtet und von der Schönheit einen bloß metaphorischen Begriff zu haben. Überhaupt habe Baumgarten eigentlich eher eine Theorie der schönen Wissenschaften vorgelegt, bemerkt Herder ironisch. In seiner *Metaphysica* hatte Baumgarten die dunkle Erkenntnis dem Grund der Seele (fundus animae) zugerechnet, um sie vom Feld der Klarheit (campus claritatis) abzugrenzen. Der Grund der Seele ist nicht Gegenstand der Ästhetik, obwohl das Dunkle Anteil an der sinnlichen Erkenntnis hat.[34] Herder nimmt diesen Begriff auf und wertet ihn so um, daß aus dem Ort in der Seele ihr ganzes Fundament wird. »Der ganze Grund der Seele sind dunkle Ideen.« (SW IV, 27) Das Dunkle läßt sich im Feld der Klarheit nicht auflösen, es bleibt die Basis der Empfindungen und gehört zu den Gegenständen der Ästhetik. Deswegen spielt der Tastsinn – oder wie Herder sagt, das Gefühl – in seiner Theorie der Empfindung eine so herausragende Rolle.

An der Skulptur nimmt Herder das ästhetisch Dunkle auf. Die zeitgenössische Diskussion darüber, wie Blinde die Welt erfahren, faßt er für seine ästhetischen Überlegungen so zusammen, daß wir nur durch den Tastsinn zu einer authentischen Vorstellung vom Körper kommen. »Denn alle Eigenschaften der Körper, was sind sie, als Beziehungen derselben auf unsern Körper, auf unser Gefühl? Was Undurchdringlichkeit, Härte, Weichheit, Glätte, Form, Gestalt, Rundheit sei? davon kann mir so wenig mein Auge durchs Licht, als meine Seele durch selbstständig denken einen leibhaften, lebendigen Begrif geben. Der Vogel, das Pferd, der Fisch hat ihn nicht; der Mensch hat ihn, weil er nebst seiner Vernunft auch die umfaßende, tastende Hand hat.« (SW VIII, 7) In der philosophischen Tradition galt der Tastsinn als dunkel und langsam, woraus dann eine negative Bewertung folgte. Es sind aber gerade diese Eigenschaften, die Herder zum Anlaß nimmt, den Tastsinn zu loben, wie Hans Adler gezeigt hat: Aus dem Nachteil der Dunkelheit wird der Vorteil der Ganzheit von Vorstellungen, und der Vorteil der Langsamkeit liegt in der Gründlichkeit.[35] »Nun aber wißen wir alle, das *Gefühl* ist [...] der dunkelste, langsamste, trägste Sinn. [...] Er [...] fühlt nur, was er *fühlt*.« (SW VIII, 30 f.) Es ist der Tastsinn, der uns einen konkret-umfassenden Zugang zur Körpergestalt ermöglicht: *»Es ist ein fühlbarer Begriff der Vollkommenheit.«* (SW VIII, 94) Der Tastsinn ermöglicht einen Zugang zur Gewißheit des Seins, indem er die Wahrnehmung von Objekten mit der Empfindung des eigenen Leibs verknüpft. »In der Erfahrung des plastischen Körpers durch den äußeren Sinn wird insofern tatsächlich ein Inneres spontan und unmittelbar ›durchgefühlt‹ – nur ist diese innere Empfindung natürlich eine Selbstempfindung des Tastenden.«[36]

Die Aufwertung des Tastsinns geht zu Lasten des optischen Sinns. Zwar ist der optische Sinn klarer und schneller, die Liste seiner Nachteile aber ist lang. »Der Sinn des Gesichts würkt flach, er spielt und gleitet auf der Oberfläche mit Bild und

Farbe umher; überdem hat er so Vieles und so Zusammengesetztes vor sich, daß man mit ihm wohl nie auf den Grund kommen wird.« (SW VIII, 11) Indem der optische Sinn zudem als der »philosophischste« ausgezeichnet wird, wird deutlich, daß die ästhetische Umwertung auf die philosophische Tradition insgesamt zielt. Wenn Philosophie analog zum optischen Sinn verfährt, dann trifft zu, daß sie die Wirklichkeit verfehlt wie der Traum: »Im Gesicht ist *Traum*, im Gefühl *Wahrheit*.« (SW VIII, 9) Der optische Sinn hat die Wahrnehmung des Körpers wie im Traum nur fingiert. Weil wir optisch gar keinen Begriff von Körperlichkeit erzeugen können, erinnert sich das Auge an das Gefühl, wie es bei Herder heißt: Beglaubigt ist der Realitätsgehalt durch den Tastsinn. »Wo dieser substitutive Charakter der optischen Wahrnehmung nicht mehr gewußt wird, wo das Auge seine Angewiesenheit auf die Hand ›vergißt‹ und sich als Organ authentischer Körpererfahrung setzt, macht es sich gleichsam zum Komplizen einer ›Lettern-Philosophie‹ [...], ›die eine Menge von Wörtern im Munde führt, von denen man keine Sache gesehen‹.«[37]

Organ authentischer körperlicher Erfahrung ist in der Ästhetik Herders der Tastsinn. Von allen Sinnen ist er der Gewißheit des Seins am nächsten. Weil er am wenigsten artikuliert, »zergliedert« ist, kann er den dunklen Grund des Seins erfühlen und zum Ausdruck bringen, ohne es durch die Klarheit logischer Erkenntnis zu verfälschen. Herders Zurechtweisung des optischen Sinns als realitätsfern ist ein Schlag gegen die Metaphern des Lichts und der Klarheit, von denen die frühe Aufklärung lebt. Auch an der ästhetischen Theorie der Plastik zeigt sich aber, daß Herders Kritik an der Aufklärung die Vernunft nicht begrenzen, sondern nur ihre Grenzen anders ziehen will: Was die Vernunft als dunkel ausgeschlossen hatte, soll als vernunftfähig gelten. Deswegen zielt seine Philosophie auch nicht auf das Andere der Vernunft, sondern auf eine andere Vernunft. »Im Gesicht ist *Traum*, im Gefühl *Wahrheit*.« Auch aus dieser Formel läßt sich die Botschaft herauslesen, daß ein Wissen aus abstrakten Prinzipien nicht wahrheitsfähig ist. Zu der Frage, wie eine Philosophie verfahren würde, die am Tastsinn orientiert ist, finden sich in der ästhetischen Theorie Herders kaum Hinweise. Aber doch in wenigstens zwei Punkten lassen sich die Ergebnisse aus der *Plastik* direkt als Äußerungen zum Programm einer Philosophie lesen: Sie wäre zum einen auf Ganzheit verpflichtet, also holistisch ausgelegt; sie würde zum anderen das an den Leib gebundene Selbstgefühl als Grund der Gewißheit anerkennen und wäre deswegen auf den Vorrang des Seins vor der Erkenntnis verpflichtet.

3. Geschichte

Den Titel einer Geschichtsphilosophie hat zuerst Voltaire in die Philosophie des 18. Jahrhunderts eingeführt. Seine *Philosophie de l'Histoire* von 1765 versteht Geschichte nicht mehr als theologisch fundierte Heilsgeschichte, sondern motiviert von den Kräften und Interessen des Menschen. Der Geschichtsphilosophie kommt die Aufgabe zu, nach dem Sinn von Geschichte im allgemeinen zu fragen, sie muß aber ebenso die Realgeschichte einzelner Epochen verständlich machen. Auf beiden Feldern geht es darum, Geschichte aus Gründen der Vernunft erklärbar zu machen. Voltaires Kritik richtet sich gegen den Anspruch der christlichen Universalgeschichte, den Sinn von Geschichte als göttlichen Heilsplan auszulegen. Aus der Perspektive einer allgemeinen Geschichte des Menschen verliert die Heilsgeschichte ihre universelle Geltung. Deswegen soll eine philosophische Geschichtsschreibung mit dem chinesischen und nicht mit dem jüdischen Volk beginnen. Voltaire ist durchaus an einer Universalgeschichte interessiert, sie soll aber nicht nur eine Kultur, sondern die ganze Menschheit zum Gegenstand haben und muß insofern polyzentrisch angelegt sein. Gestützt ist die Universalgeschichte auf die Annahme einer konstanten menschlichen Natur, der sich religiöse oder gesellschaftliche Grundformen zuschreiben lassen. Einen vorgegebenen Sinn von Geschichte kann die Geschichtsphilosophie aber auch aus der Natur des Menschen nicht ableiten, sie muß deswegen nach der Bildungsgeschichte der Menschheit fragen. Ihr entnimmt Voltaire die Überzeugung, daß sich der Geschichte ein vernünftiger Sinn abgewinnen läßt.[38]

Wie nahe eine Geschichtsphilosophie dem philosophischen Denken des 18. Jahrhunderts liegt, zeigen auch die *Philosophischen Muthmaßungen über die Geschichte der Menschheit*, die Isaak Iselin 1764 veröffentlicht. Die *Muthmaßungen* sind von den Zeitgenossen als neues Feld philosophischer Forschung wahrgenommen und als Geschichtsphilosophie verstanden worden, wie Äußerungen von Mendelssohn oder Tetens bezeugen. Iselin legt Geschichte als Bildungsgeschichte der Menschheit aus und entnimmt dem Fortschritt vom »Stande der Natur« zum »gesitteten Stand«, daß sich Vernunft in der Geschichte durchgesetzt hat.

Gegen Ende des Jahrhunderts hat Kant die Schwierigkeiten mit der Geschichtsphilosophie in den *Ideen zu einer Geschichte in weltbürgerlicher Absicht* noch einmal zum Thema gemacht. Sie liegen darin, daß Geschichtsphilosophie sich zum Ziel der Geschichte äußern muß, daß solche Aussagen aber den Horizont der Individuen überschreiten, denen allein wir den Gebrauch von Vernunft und Freiheit zurechnen können. Deswegen läßt sich der Zweck von Geschichte nicht theoretisch voraussagen, wohl aber als praktische Idee benennen, der normative Kraft zukommt. Die Geschichtsphilosophie zielt zwar auf das Individuum, äußert sich aber nur zur Gattung, die sich in ihren natürlichen Bedingungen bestimmen läßt. Kant nimmt an, daß es in der Absicht der Natur liegt, den Menschen zum Gebrauch von Freiheit und Vernunft zu zwingen und eine vollkommen »bürgerliche Vereinigung« zu verwirklichen.

Im Programm einer kopernikanischen Wende zur Anthropologie erscheint Geschichte als der eigentliche Schauplatz des Menschen. In der Vorrede zu den *Ideen einer Philosophie der Geschichte der Menschheit* (1784) beschreibt Herder das Interesse an der Geschichte als frühes Motiv seiner Arbeit. »Schon in ziemlich frühen Jahren, da die Auen der Wissenschaften noch alle in dem Morgenschmuck vor mir lagen, von dem uns die Mittagssonne unsres Lebens viel entziehet, kam mir oft der Gedanke ein: *ob denn, da alles in der Welt seine Philosophie und Wissenschaft habe, nicht auch das, was uns am meisten angeht, die Geschichte der Menschheit im Ganzen und Großen eine Philosophie und Wissenschaft haben sollte?*« (HW IV, 14) Zehn Jahre vor Erscheinen des ersten Teils der *Ideen* hatte Herder diesen Gedanken schon umzusetzen versucht. *Auch eine Philosophie der Geschichte zur Bildung der Menschheit* ist der durchaus polemisch gemeinte Eingriff in die geschichtsphilosophische Debatte. »Es ist Feur darinn und glühende Kolen auf die Schädel unsres Jahrhunderts«, heißt es in einem Brief an seinen Verleger. Gegen die Skeptiker, zu denen er Voltaire und Hume rechnet, gegen die »Allanzweifler«, die der Geschichte keinen Sinn entnehmen können, hält Herder die Frage nach der Kontinuität von Geschichte durchaus für sinnvoll. »Sollte es nicht offenbaren *Fortgang* und *Entwicklung* aber in einem höhern Sinne geben, als mans gewähnet hat?« (SW V, 512) Im Gegensatz zu den Optimisten und ihrer Idee vom »Fortgang zu mehrerer Tugend und Glückseligkeit einzelner Menschen« (SW V, 511) zeigt sich Herder selbst skeptisch und bezweifelt, daß sich Maßstäbe zur Überprüfung der Idee finden ließen, Geschichte sei zielgerichteter Fortschritt. Es ist offenkundig, daß es hier um eine Position zwischen den Extremen geht: Was Fortschritt in der Geschichte ist, läßt sich nicht aus allgemeinen Prinzipien ableiten, sondern muß sich an den historischen Formen selbst beweisen. »[...] jede Nation hat ihren *Mittelpunkt* der Glückseligkeit *in sich*, wie jede Kugel ihren Schwerpunkt!« (SW V, 509) An diesem Satz, in dem schon der Historismus des 19. Jahrhunderts anklingt, läßt sich die Kritik an den Skeptikern und den Optimisten der Geschichtsphilosophie ablesen: daß sie Geschichte unhistorisch denken. Dagegen hält Herder, daß sich die Geschichtlichkeit der Geschichte stets als Individualität manifestiert. Nur für die historischen Formen der Nationen oder der Kulturen trifft wirklich zu, was Herder als den Grundsatz der Geschichtsphilosophie begreift: »Alles hat seine Zeit.« Daß die Geschichte selbst ihre Zeit hat und an ihr Ende kommt, läßt sich nur als theologische Figur denken; profan trifft aber die Weisheit Salomos auf alles zu, was sich nicht einem allgemeinen Begriff verdankt, sondern individuell existiert. »Die Rationalität der Geschichte ist nicht eine umfassende Rationalität der Geschichte als eines Ganzen, sondern die der je einzelnen, ›historischen‹ Individuen. Geschichte, die sich zum selbstbewußten Individuum hin entwickelt, *ist* Geschichte gegen ihren Begriff, d.h. zum nicht zu Antizipierenden, zum *Unvorgreiflichen* hin.«[39] Daß Herder den historischen Sinn an die Formen der Kultur zurückbindet, macht den Kern seiner Geschichtsphilosophie aus, der auch für die *Ideen zur Philosophie der Geschichte der Menschheit* bestimmend bleibt. Unterschiede ergeben sich vor allem dadurch, daß in den *Ideen* auch Natur als Prozeß verstanden wird und die Kulturen des Fernen Ostens in den Blick kommen.

Von den Schwierigkeiten einer Universalgeschichte hatte Herder eine genaue Vorstellung. »In den meisten Stücken zeigt mein Buch, daß man anjetzt noch keine Philosophie der menschlichen Geschichte schreiben könne, daß man sie aber vielleicht am Ende unsres Jahrhunderts oder Jahrtausends schreiben werde.« (HW VI, 18)[40]

Ideen: Vom Himmel zum Freigelassenen der Schöpfung

Herder eröffnet seine *Ideen* von einem Punkt aus, der weit entfernt liegt von den Schauplätzen der Geschichte der Menschheit: »Vom Himmel muß unsre Philosophie der Geschichte des menschlichen Geschlechts anfangen, wenn sie einigermaßen diesen Namen verdienen soll.« (HW VI, 21) Der Blick auf das Ganze des Weltalls offenbart, daß die Erde ein Stern unter Sternen ist, wie es in der Überschrift zum ersten Abschnitt heißt, »so muß man sie zuförderst nicht allein und einsam, sondern im Chor der Welten betrachten, unter die sie gesetzt ist« (HW VI, 21). Am Himmel demonstriert Herder, worauf es ihm vor allem ankommt: daß die Gegenstände der Geschichtsphilosophie eine Einheit bilden und zugleich in der Vielfalt historischer Phänomene verstanden werden müssen. Es macht den philosophischen Rang der *Ideen* aus, daß Herder Individualität und Besonderheit in der Geschichte als autonome Vielfalt denkt, ohne sie in die Beliebigkeit disparater Geschichten aufzulösen. Er hat diese Orientierung gegen die abstrakten Ansprüche der Aufklärung gerichtet und auf einer Dezentrierung der Geschichte bestanden. Die gelegentliche Unübersichtlichkeit in der Darstellung folgt aus den programmatischen Vorgaben der *Ideen*, und sie belegt die Schwierigkeit, Vielfalt und Individualität historischer Phänomene unter der Perspektive einer Universalgeschichte zu denken. In dieser doppelten Ausrichtung auf die Individualität historischer Formen und die Universalität der Bildungsgeschichte der Menschheit liegen Anspruch und Rang der *Ideen*. »Herders historische Sicht vereint – und darin liegt die normensprengende Kraft seiner Anschauungsweise – den Respekt vor der Individualität der geschichtlichen Konkretion mit dem Glauben an ein aller raum-zeitlichen Veränderung inhärentes Sinnpotential, an einen – wie es in der Sprache der *Ideen* heißt – die Weisheit des Schöpfers gleichsam abbildenden ›Plan‹ des Ganzen.«[41]

Herder beginnt seine Geschichtsphilosophie am Himmel, um dann die Geschichte der Natur zu behandeln. Für die Darstellung der Naturgeschichte orientiert er sich am Stand naturwissenschaftlicher Diskussion, wobei er von vornherein deutlich macht, daß er dem materialistisch-mechanischen Naturbegriff der Aufklärung nicht folgt. Goethe spricht von der Reduktion der »geschmückten Welt« auf »einige allgemeine Begriffe«[42]. Auch Herder geht es nicht um allgemeine Begriffe, vielmehr sieht er in der Natur das Muster eines progressiven Ganzen, das die Menschheit erst noch herstellen muß. Das meint die Rede von der »Analogie der Natur«[43]: Sie steht für ein Sinnganzes, dem die Geschichte der Menschheit entsprechen soll. Die Analogie der Natur motiviert auch die Rede vom »Buch der Natur«: Es ist nicht in der reduzierten Form allgemeiner Begriffe abgefaßt, sondern offen für das gesamte Sprachvermögen des Menschen. Sicherlich dem Einfluß Spinozas zuzuschreiben ist, daß Herder der Natur Ausdrucksvermögen verleiht und in den Phänomenen der Natur »ausdrückende Symbole« erkennt. Insofern ist von zwei Büchern der Natur die Rede: Die Symbole der Natur müssen übersetzt werden in die Sprache des Menschen. Dazu dienen die Analogien als sprachliches Mittel, über das sowohl die Natur als auch die menschliche Sprache verfügt. Die in Sprache gefaßte Natur gehört aber nicht mehr der Natur, sondern der Kultur an. Darin offenbart sich ein fundamentaler Unterschied: Die Symbolik der Natur ist gegeben, die Sprache haben die Menschen sich selbst erfinden müssen. Auch daran läßt sich ablesen, daß die *Ideen* keine Evolutionstheorie vertreten. Herder will den Menschen nicht aus der Natur ableiten, er weist ihm vielmehr eine Sonderstellung zu. Deswegen tritt der Mensch als »Freigelassener der Schöpfung« auf. »So zeichnen die *Ideen* – und das ist gegen die Verfechter eines Teleologiegedankens bei Herder festzuhalten – ein Bild der Menschengeschichte als Naturgeschichte, die umgekehrt jedoch, auf der Stufe des seine Bestimmung erfüllenden Menschen, wiederum als Freiheit von seiner Naturbindung, als Vernunft und Humanität, mithin als ›zweite‹ und ›sublimierte‹ Natur erscheint.«[44]

Die Naturgeschichte folgt der geographischen, botanischen und zoologischen Gliederung der Erde und legt diese Gliederungen als Artikulation der Natur aus. Die Vielfalt der Phänomene hat ihren Grund im »*Winkel unsrer Erdachse zum Sonnenäquator*. [...] Mit ihm nehmlich, mit dieser schiefen Richtung zur Ekliptik werden bestimmt-abwechselnde Zonen, die die ganze Erde bewohnbar machen, vom Pol bis zum Äquator, vom Äquator wieder zum Pol hin.« (HW VI, 35 f.) In diesen Zonen ist schon angelegt, was Herder später Klima nennt, worunter er die geographischen Grundlagen der Kultur versteht. Herder will von Anfang an »die Erde als einen Schauplatz der Menschengeschichte betrachten« (HW VI, 49), aber er tut es zunächst unter dem Aspekt einer Naturgeschichte und mit einem geographischen Vokabular. Die Erde, wie sie sich dem Betrachter darbietet, ist aus den Bedingungen der Naturkräfte hervorgegangen. »Unsre Erde«, heißt es im dritten Abschnitt des Ersten Buches, »ist vielerlei Revolutionen durchgegangen, bis sie das, was sie jetzt ist, worden.« (HW VI, 29) In der Bildungsgeschichte der Naturkräfte differenziert sich die Erde in unterschiedliche Zonen und gewinnt so ihre individuelle Gestalt. In den Zonen kristallisieren sich Potentiale als Motor botanischer, zoologischer und schließlich anthropologischer Bildungsgeschichten. Darin hat Herder ein allgemeines Gesetz aller Geschöpfe unserer Erde gesehen. »Was indes jeder Stein- und Erdart verliehen ist: ist gewiß ein allgemeines Gesetz aller Geschöpfe unserer Erde; dieses ist *Bildung*, bestimmte *Gestalt*, eigenes *Dasein*.« (HW VI, 55)

Aus der geographischen Gliederung der Erde gehen die Zonen hervor: In der Bildungsgeschichte der Natur verfügen sie selbst über Bildungskräfte. Tatsächlich sind die Zonen nicht nur geographisch definiert, sondern zugleich aerologisch, ihnen entspricht eine charakteristische Zusammensetzung der Atmosphäre. Und Herder wünscht sich eine »geographische Aerologie«, die wesentlich dazu beitragen würde, die Bildung des Menschen an Körper und Geist zu erklären. (Vgl. HW VI, 39) Die Atmosphäre eröffnet der Differenzierung der Natur eine neue Dimension und stellt insofern die Bedingung für die Entstehung des Lebens dar. »Hier kommt es nicht bloß auf Einteilung der Zonen nach Hitze und Kälte, nicht bloß auf Leichtigkeit und Schwere des drückenden Luftkörpers; sondern unendlich mehr auf die mancherlei wirksamen, geistigen Kräfte an, die in ihr treiben, ja deren Inbegriff eben vielleicht alle ihre Eigenschaften und Phänomene ausmacht.« (HW VI, 38) Diese atmosphärisch bestimmte Zone nennt Herder schon im naturgeschichtlichen Teil der *Ideen* Klima (vgl. HW VI, 62), aber erst als Schauplatz der Kultur gewinnt dieser Ausdruck philosophisches Gewicht.

Diese Klimazonen sind der Boden für botanische und zoologische Bildungsgeschichten. Herder hält das »schöne Reich der Flora« für wissenschaftlich wohlgeordnet und sieht in der botanischen Philosophie Linnés ein Muster für eine philosophische Anthropologie.[45] Deswegen beschränkt er sich darauf, »nur einige einzelne Blumen zu brechen«, um auch an den Pflanzen das allgemeine Bildungsgesetz zu demonstrieren. »Diese Pflanze ist für das Meer, jene für den Sumpf, diese für Quellen und Seen geschaffen; die eine liebt den Schnee, die andre den überschwemmenden Regen der heißen Zone; und alles dies charakterisiert ihre Gestalt, ihre Bildung.« (HW VI, 64)

Auch bei den Tieren halten sich die *Ideen* nicht lange auf, um allerdings später – nachdem der Mensch aufgetreten ist – noch einmal auf sie zurückzukommen. Herder stützt sich auf ein Buch, dessen Titel ganz in seinem Sinne sein mußte, auf »ein sehr durchdachtes und mit wissenschaftlichem Fleiß gesammletes Buch: *Zimmermanns geographische Geschichte des Menschen und der allgemeinverbreiteten vierfüßigen Tiere«* (HW VI, 69). Daraus entnimmt er einige Beispiele, die kaum mehr belegen, als »daß jedes Tier sein Element, sein Klima, seinen eigentümlichen Wohnplatz habe«. Und doch ist gerade dieser Kontextualismus, der Blick auf die konkreten individuellen Bedingungen, Motiv und Leitfaden in Herders Geschichtsphilosophie; Basis zugleich für seine Kritik am »kalten, leeren Eishimmel der Metaphysik«, wie es einmal in einem Brief an Hamann heißt.

Die Geschichte der Erde zählt in den *Ideen* zur Naturgeschichte des Menschen. Aus den »Revolutionen der Erde« geht der Mensch als deren Krone hervor – das letzte Schoßkind der Natur –, »bis endlich nach allen die Krone der Organisation unsrer Erde, der Mensch, auftrat, *Mikrokosmus.* Er, der Sohn aller Elemente und Wesen, ihr erlesenster Inbegriff und gleichsam die Blüte der Erdenschöpfung konnte nicht anders, als das letzte Schoßkind der Natur zu sein, zu dessen Bildung und Empfang viele Entwickelungen und Revolutionen vorhergegangen sein mußten.« (HW VI, 31) Wiewohl Herder den Menschen darauf verweist, Bruder der Tiere und Teil der Vegetation zu sein, so ist er doch weit entfernt davon, die Entstehung des Menschen als Evolutionstheorie zu denken. In den *Ideen* erschließen sich die Beziehungen zwischen den Gegenständen der Geschichte nach dem Muster einer Analogie. In der Naturgeschichte sieht Herder eine organische Kraft wirksam, die er auch in der Geschichte der Menschheit erkennt: Bildung, bestimmte Gestalt, eigenes Dasein lauten die Grundbedingungen, unter denen historische Formen organisiert sind. Charakteristisch ist, daß in diesen Bedingungen funktionelle Entsprechung und historische Entwicklung verknüpft sind. Die organische Kraft äußert sich in der Formbestimmtheit der Natur, *»daß die Natur bei der unendlichen Varietät, die sie liebet, alle Lebendigen unserer Erde* *nach Einem Hauptplasma der Organisation gebildet zu haben scheine«* (HW VI, 73). Es liegt aber am Begriff der Kraft, daß den Organisationsformen Geschichte zukommt. Herder interpretiert im Anschluß an Leibniz Kraft so, daß sie sich nicht im Verhältnis von Ursache und Wirkung fassen läßt: Kraft ist nicht auf die Wirkungen reduzierbar, für die sie Ursache ist, sondern überschreitet die Formen, an die sie gebunden ist, so daß *»Kraft und Organ zwar innigst verbunden, nicht aber Eins und dasselbe sei«* (HW VI, 173). Entscheidend an diesem Begriff von Kraft ist nicht das Vermögen, Wirkungen hervorzubringen, sondern das Vermögen, sich zu äußern. Weil der Kraft hier die Subjektivität eines Inneren zugeschrieben ist, läßt sich von außen kein Ziel definieren. »Aller Zusammenhang der Kräfte und Formen ist weder Rückgang noch Stillstand, sondern Fortschreitung.« (HW VI, 175)[46]

Nach diesem Begriff von Kraft bemißt sich das Verhältnis von Natur- und Menschheitsgeschichte. Zwischen den natürlichen Formen und dem Menschen bestehen zahlreiche funktionelle Entsprechungen, die den Menschen als Tier und sogar als Vegetation bestätigen. Die Entstehung des Menschen läßt sich jedoch nicht auf äußere Ursachen zurückführen, sie folgt dem Bildungsgesetz organischer Kraft: als Äußerung, und nicht als Wirkung. Darin liegt der hermeneutische Kern der *Ideen*, daß die Gegenstände der Geschichtsphilosophie auf einen Sinn verweisen, der verstanden werden muß. Im Begriff der Kraft erweist sich das historische Universum als physiologisch gegliedert und zugleich als symbolisch artikuliert. In der Notwendigkeit, die Erde und sich selbst zu verstehen, hat Herder die Einzigartigkeit des Menschen gesehen; manifestiert findet er diese Auszeichnung im aufrechten Gang. *»Der aufrechte Gang des Menschen ist ihm einzig natürlich: ja er ist die Organisation zum ganzen Beruf seiner Gattung, und sein unterscheidender Charakter.«* (HW VI, 114)

Der Sprung in den aufrechten Gang ist das entscheidende Merkmal, das die Stellung des Menschen in der Welt bestimmt, *»er ist hierin einzig auf der Erde«* (HW VI, 111). Der aufrechte Gang begründet eine Existenzform, deren Besonderheit sich jeder Evolutionstheorie entzieht. »Und das Menschentier sollte, wenn es Äonen lang in diesem niedrigen Zustande gewesen, ja im Mutterleibe schon durch den vierfüßigen Gang zu demselben nach ganz andren Verhältnissen wäre gebildet worden, ihn freiwillig verlassen und sich aufrecht erhoben haben? Aus Kraft des Tiers, die ihn ewig herabzog, sollte er sich zum Menschen gemacht und menschliche Sprache erfunden haben, ehe er ein Mensch war?« (HW VI, 114)[47] In der Naturgeschichte wird der aufrechte Gang zum zentralen Merkmal, das die natürliche Ausstattung des Menschen wesentlich bestimmt: Die freien Hände, die Ausbildung des Gehirns, Vernunft und Sprache werden so erst möglich. Die neue Position, die der Mensch einnimmt, ist in den *Ideen* aber nicht nur physiologischer Begriff, sondern zugleich Symbol. Es steht für die Besonderheiten der Gattung in der Naturgeschichte, und es bezeichnet die Einzigartigkeit des Menschen: Hauptschönheit der Erde, Kunstgeschöpf, Freigelassener der Schöpfung – in diesen Ausdrücken schließt Herder die Geschichtsphilosophie an das symbolische Potential an, durch das der Mensch sich selbst verstehen muß.[48]

Durch die Mobilität des aufrechten Gangs und die Komplexität seiner Organisation ist der Mensch an keine bestimmte Sphäre gebunden und kommt deswegen mit einer minimalen Triebausstattung auf die Welt. »Das menschliche Kind kommt schwächer auf die Welt, als keins der Tiere: offenbar weil es zu einer Proportion gebildet ist, die in Mutterleibe nicht ausgebildet werden konnte.« (HW VI, 143) Angemessene Proportionen muß der Mensch erst lernen: Darin liegt seine Vernunftfähigkeit begründet. Konsequent leitet Herder Vernunft von »vernehmen«

ab, darin ist ihre Rückbindung an die Sinneserfahrung ausgedrückt und, mehr noch, daß sie Sprache ist: »[...] eine reine Vernunft ohne Sprache ist auf Erden ein utopisches Land.« (HW VI, 347 f.)

Daß die Erde kein utopisches Land ist, davon zeugen die *Ideen*. Herder hat den Blick auch auf das gerichtet, was sinnlos und unvernünftig erscheint: auf Unterdrückung und Völkermord in Afrika und Amerika, auf die »Dämonengeschichte« Roms als militärischer Großmacht. »Die berühmtesten Namen der Welt sind Würger des Menschengeschlechts, gekrönte oder nach Kronen ringende Henker gewesen [...].« (HW VI, 366) Für die Unvernunft in der Geschichte hat Herder dieselbe Erklärung wie für das, was ihm in der Geschichte als vernünftig erscheint: »Die Vernunft ist ein Aggregat von Bemerkungen und Übungen unsrer Seele; eine Summe der Erziehung unsres Geschlechts, die, nach gegebnen fremden Vorbildern, der Erzogne zuletzt als ein fremder Künstler an sich vollendet. Hier also liegt das Principium zur Geschichte der Menschheit, ohne welches es keine solche Geschichte gäbe.« (HW VI, 337) Der Schlüssel zum Verständnis der Geschichte der Menschheit liegt in der Einsicht, daß wir uns nicht auf eine natürliche Bestimmung berufen können, sondern immer nur auf eine kulturelle. Es ist sinnlos, die Menschen für an sich gut oder böse zu halten, weil sie von der Natur nicht substantiell ausgestattet sind. In der Natur des Menschen aber liegt die Möglichkeit zur Perfektibilität ebenso wie zur Korruptibilität. »Da nun aber unser spezifische Charakter eben darin liegt, daß wir, beinah ohne Instinkt geboren, nur durch eine Lebenslange Übung zur Menschheit gebildet werden, und sowohl die Perfektibilität als die Korruptibilität unsres Geschlechts hierauf beruhet: so wird eben damit auch die Geschichte der Menschheit notwendig ein Ganzes [...].« (HW VI, 337)

Analogien der Geschichte

Auch die Geschichtsphilosophie muß nach dem grundsätzlichen Verständnis Herders von Erfahrungsdaten ausgehen, auch sie soll »Philosophie über facta« sein, wie es in einem Brief an Wieland heißt. Die *Ideen* sind gegen einen reinen Begriff von Geschichte gerichtet, und noch bei Voltaire kritisiert Herder den Versuch, aus der Annahme einer konstanten Natur des Menschen einen idealtypischen Verlauf von Geschichte zu konstruieren.

Zu den Fakten zählen wesentlich die Naturbedingungen, auf die der Mensch trifft. Deswegen ist die Naturgeschichte mehr als nur die Vorgeschichte des Menschen. Herder rechnet Natur zu den unverfügbaren Bedingungen von Geschichte. Deswegen mußte ihn die Klimatheorie interessieren, die Montesquieu für die Debatte über die Vielfalt der Kulturen aktualisiert hat.[49] Von den deterministischen Tendenzen des Klimabegriffs läßt Herder sich nicht beeindrucken. Er sucht nach den natürlichen Faktoren der Geschichte und findet sie manifestiert im Klima. Auf dem Grund des historischen Bewußtseins bildet das Klima so den Begriff einer naturalisierten Geschichte. Wie Herder in der Psychologie den Reiz als Punkt ausgemacht hat, an dem die Reflexion am schwächsten ist, so erscheint in der Geschichtsphilosophie das Klima am Nullpunkt der Geschichte, das aber immer noch über Ausdrucksvermögen verfügt. So kann er den Unterschied der Kulturen an die Naturordnung zurückbinden und Ansprüche auf die Konstruktion der einen vernünftigen Kultur abweisen. »Mit der Konzeption einer solchen Naturgeschichte der Menschheit verstößt Herder gegen die Normen der zeitgenössischen Geschichtsschreibung, und zwar nicht nur gegen das Prinzip der systematischen Teleologie und gegen die eurozentrische Sicht, sondern auch gegen die einseitig-idealistische Historiographie [...].«[50]

Für Herders Klimakonzept gilt der Grundsatz aus der *Abhandlung über den Ursprung der Sprache*, daß die Menschen nicht wie die Tiere über eine natürliche Sphäre verfügen und sich deswegen Sprache haben erfinden müssen. Im strengen Sinn verfügen nur die Menschen über Sprache; die Völkersprache der Gattung oder die Sprache der Empfindung sind Analogien der Sprache, die demonstrieren sollen, daß die Menschen sich das Ausdruckspotential der Natur wiederum nur als Sprache verständlich machen können. In den *Ideen zur Philosophie der Geschichte der Menschheit* erscheint das Klima dieser Analogie gemäß als Sprache der Kräfte: Als menschliche Sphäre ist das Klima an die Sprache angeschlossene, interpretierte Natur und zugleich »Inbegriff von Kräften und Einflüssen« (HW VI, 167). Die Natur versieht sich selbst mit Merkmalen, die es erlauben, ein Kontinuum von Wahrnehmung, Empfindung und Sprache zu bilden: ein Gemälde des Klimas, in dem Naturgeschichte und Geschichte des Menschen ineinander verschränkt sind. »Endlich die Höhe oder Tiefe eines Erdstrichs, die Beschaffenheit desselben und seiner Produkte, die Speisen und Getränke, die der Mensch genießt, die Lebensweise, der er folgt, die Arbeit, die er verrichtet, Kleidung, gewohnte Stellungen sogar, Vergnügen und Künste, nebst einem Heer andrer Umstände, die in ihrer lebendigen Verbindung viel wirken; alle sie gehören zum Gemälde des vielverändernden Klimas.« (HW VI, 266)

Die Analogie einer Sprache der Kraft bewahrt Herder vor den Gefahren des geographischen Determinismus – im Prinzip, wenn er sich auch nicht in jedem Fall dem Sog zur Reduktion entziehen kann. Der Gefahr eines geographischen Determinismus entgeht Herder aber am Ende doch, weil er die Frage nach einer Teleologie der Geschichte offenhält, »ist doch die Menschheit dazu aufgerufen, die ideelle Vernünftigkeit der Geschichte durch Erfüllung ihrer Bestimmung ans Licht zu bringen«[51].

Wie für die Empfindung gilt für die Geschichte, daß die Preisschrift zur Sprache auch als *Abhandlung über den Ursprung der Geschichte* gelesen werden kann. Im zweiten Teil der *Abhandlung* benennt Herder die Konsequenz aus der Erfindung der Sprache: daß der Mensch sich selbst als geschichtliches Wesen erfinden und Geschichte als progressives Ganzes herstellen muß. »Der Mensch ist ein freidenkendes, tätiges Wesen, dessen Kräfte in Progression fortwürken; darum sei er ein Geschöpf der Sprache!« (HW I, 769)

Im Begriff der Progression ist ein Verhältnis von Notwendigkeit und Freiheit gedacht. Progression ist notwendig, weil der Mensch von Natur aus unterbestimmt ist und ohne die Ausbildung einer Sphäre nicht überleben könnte; aus diesem Mangel geht die Freiheit des Menschen hervor, sich selbst zu bestimmen. Es macht aber das Spezifische der Progression aus, daß sie den ursprünglichen Mangel an Bestimmtheit gar nicht aufheben, sondern ihm nur unendlich viele Bestimmungen entgegensetzen kann. Wenn Herder von der Perfektibilität des Menschen spricht, meint er offensichtlich nicht, der Sinn der Geschichte würde in immer größerer Vervollkommnung des Menschen bestehen. Eine solche optimistische Position würde einen zwar abstrakten, aber eindeutig bestimmbaren Begriff von Geschichte voraussetzen. Gegen Hume oder Voltaire besteht Herder darauf, daß wir über einen solchen Begriff nicht verfügen. »Die – ursprünglich platonische – These der ›konstitutionellen Unfertigkeit‹ des Menschen, die schon Herders Sprachursprungsthese zugrunde lag, führt auch in den *Ideen* zur Wesensbestimmung des Menschen im Unterschied zum Tier und zur Vorstellung einer vernünftig-humanen Perfektibilität.«[52]

In der *Abhandlung* benennt das Gesetz der Progression den Menschen als »Geschöpf der Sprache«, dem aufgetragen ist, ein progressives Ganzes herzustellen: durch »Fortbildung der Sprache«. Es macht das Besondere der Geschichtsphilosophie Herders aus, daß er den Menschen als Sprachwesen auslegt. Das erklärt auch, warum sein Werk in der Diskussion des 18. Jahrhunderts weder skeptisch noch optimistisch ausgerichtet ist, sondern eine ganz eigenständige Position vertritt. Herders sprachphilosophische Fundierung der Anthropologie ist auch in der Geschichtsphilosophie wirksam. Dabei bleibt zu bedenken, daß Sprache hier nicht ausschließlich die natürliche Sprache oder die Sprachfähigkeit des Menschen meint, sondern als Modell auftritt, das nichtsprachliche Gegenstände als Analogien der Sprache verständlich machen soll. Deswegen haben auch die Erfahrungsdaten, auf die Herder die Geschichtsphilosophie verpflichtet, eine symbolische Dimension. Gerade das hat Kant in seiner Rezension der *Ideen* übersehen, in der er Herder als »poetischen Philosophen« abwertet:

»Daher möchte wohl, was ihm [i.e. Herder] Philosophie der Geschichte der Menschheit heißt, etwas ganz anderes sein, als was man gewöhnlich unter diesem Namen versteht; nicht etwa eine logische Pünktlichkeit in Bestimmung der Begriffe oder sorgfältige Unterscheidung und Bewährung der Grundsätze, sondern ein sich nicht lange verweilender, viel umfassender Blick, eine im Auffinden von Analogien fertige Sagazität, im Gebrauch derselben aber kühne Einbildungskraft, verbunden mit der Geschicklichkeit, für seinen immer in dunkle Ferne gehaltenen Gegenstand durch Gefühle und Empfindungen einzunehmen, die, als Wirkungen von einem großen Gehalte der Gedanken, oder als vielbedeutende Winke, mehr von sich vermuten lassen, als kalte Beurteilung wohl geradezu in denselben antreffen würde.«[53]

Der philosophische Kern der *Ideen* liegt in der Einsicht, daß Zeit nicht als reine Form der Anschauung gedacht werden kann, die der Erfahrung vorausgeht, sondern als Erfahrungsbegriff betrachtet werden muß, der symbolisch vermittelt ist: Auch die Philosophie der Geschichte soll eine »Philosophie über facta« sein, die sich auf Beobachtung und Analogie stützt. Deswegen läßt sich ein Begriff von Geschichte nicht nach abstrakten Prinzipien gewinnen; faßbar wird Geschichte immer nur als individuelle historische Gestalt, der wir ein »ausdrückendes Symbol« zurechnen können. Aus dieser grundsätzlich ästhetischen Dimension von Geschichte erklärt sich auch, warum die *Ideen* so überreichlich mit Analogien durchzogen sind. In der rationalistisch orientierten Aufklärung sollte die Analogie sicherstellen, daß sich das Universum bis in seine letzten Winkel nach einer einheitlichen Struktur beschreiben läßt. »Bei Herder dagegen wird die Analogie zum Mittel, das ihm den Weg von der gefühlsmäßigen Erfassung des Einzelnen zur gefühlsmäßigen Erfassung der Weltzusammenhänge bahnen soll. Was er in dem Aufbau der geschichtlichen Wirklichkeit als lebendig-wirksames Werkzeug erprobt hat – das wird ihm damit zum Grundsatz seiner gesamten ›Metaphysik‹, und Erkenntnislehre. ›Erkennen‹ besteht für ihn in nichts anderem, als darin, die ›stille Ähnlichkeit‹, die wir im Ganzen unserer Schöpfung, unserer Seele empfinden und ahnen, als die Form der Wirklichkeit überhaupt zu deuten.«[54]

Die Geschichtlichkeit der Geschichte erweist sich erst durch den Bezug auf ein bestimmtes historisches Bewußtsein. Daraus ergibt sich die relativistische Tendenz der Philosophie der Geschichte, historische Formen nach deren eigenen Ansprüchen zu beurteilen. Den historischen Formen Individualität zuzuschreiben heißt aber auch, sie für unwiederholbar zu halten. Herder hat diese Konsequenz grundsätzlich gezogen. So hält er es z.B. für unangemessen, dem griechischen Altertum »eine unnatürliche Ewigkeit zu geben. Es hieße diese Bitte nichts anders, als das Wesen der Zeit zu vernichten und die ganze Natur der Endlichkeit zu zerstören.« (HW VI, 572)

Es gehört zur Voraussetzung des historischen Bewußtseins, daß es sich im Verhältnis zur eigenen Zeit auffaßt. Durch diese Zeitgenossenschaft erst ergibt sich die Frage nach dem Sinn historischer Formen, und sie stellt sich als die nach dem Verhältnis von Musterhaftigkeit und Unwiederholbarkeit.[55] Herder zeichnet Geschichte dort aus, wo das erste Naturgesetz gilt, dem zufolge der Mensch ein freidenkendes, tätiges Wesen ist, dessen Kräfte in Progression fortwirken, und sich als Geschöpf der Sprache verwirklichen kann. Die Philosophie der Geschichte der Menschheit ist an dieser Leitidee der Humanität orientiert – Beharrungszustand der Menschengeschichte, wie es bei Herder heißt.

»Dieser ist nichts als *Humanität d. i. Vernunft und Billigkeit in allen Klassen, in allen Geschäften der Menschen.* Und zwar ist er dies nicht durch die Willkür eines Beherrschers oder durch die überredende Macht der Tradition; sondern durch Naturgesetze, auf welchen das Wesen des Menschengeschlechts ruhet. Auch seine verdorbensten Einrichtungen rufen uns zu: ›hätten sich unter uns nicht noch Schimmer von Vernunft und Billigkeit erhalten, so wären wir längst nicht mehr, ja wir wären nie entstanden.‹ Da von diesem Punkt das ganze Gewebe der Menschengeschichte ausgeht: so müssen wir unsern Blick sorgfältig darauf richten.« (HW VI, 651)

4. Perspektiven

Anthropologie

Perspektiven auf Herders Werk ergeben sich aus dem programmatischen Stichwort Anthropologie. Verpflichtet ist die Anthropologie des 18. Jahrhunderts dem Motto »der ganze Mensch«. In den Blick kommen jetzt all die Kontexte des Menschen, die zugunsten abstrakter Allgemeinheit aus der Erkenntnis ausgeschlossen waren, vor allem aber die natürlichen und kulturellen Grundlagen der Erfahrung. Die Anthropologie, der Herder verbunden ist, geht aus den allgemeinen Bedingungen hervor, unter denen sich seit dem 16. Jahrhundert eine Philosophie des Menschen abzeichnet, die weder auf eine theologisch orientierte Metaphysik noch auf experimentelle Naturwissenschaft setzt. »Wenn der Mensch nicht mehr metaphysisch auf Gott sich verläßt und nicht – unter Betonung auf die ›dignitas hominis‹ – auf die eigene schrankenlose Freiheit, muß er auf die Natur sich verlassen.«[56] Das Interesse richtet sich auf die Natürlichkeiten: Der Leib, die natürlichen Unterschiede von Klima, Geschlecht oder Lebensalter bilden die Themen, unter denen sich die Anthropologie als Weltkenntnis formieren kann. Odo Marquard hat deutlich gemacht, daß Kant die Anthropologie als philosophische Disziplin im 18. Jahrhundert bestätigt und ihr zugleich die Grundlage entzogen hat, indem er die Verbindung zur Physiologie ausschloß. Die Anthropologie sollte den Menschen nicht aus seiner Naturabhängigkeit begreifen, sondern fragen, »was er als freihandelndes Wesen aus sich selber macht oder machen kann und soll«[57]. Das aber sind Fragen der praktischen Philosophie und schließlich der Ethik, mit denen die Anthropologie jetzt konkurrieren mußte. Indem Kant den Themenbereich der Anthropologie einschränkte, machte er sie eigentlich überflüssig. »Anthropologie ist bei Kant die – gegenüber Ethik und Geschichtsphilosophie – nur zweite und minder tüchtige Besetzung des Fachs Praktische Philosophie.«[58]

Dagegen hat Herder eine andere Anthropologie im Sinn. Sein Projekt einer kopernikanischen Wende, das er unter dem Titel »Einziehung von Philosophie« schon in den Frühschriften formuliert hat, ist an die anthropologische Bewegung angelehnt, die sich seit der Mitte des 18. Jahrhunderts bildet und wesentlich von den »philosophischen Ärzten« repräsentiert wird. In seiner *Anthropologie für Aerzte und Weltweise* von 1772 nennt Ernst Platner den theoretischen Kern: »Endlich kann man Körper und Seele in ihren gegenseitigen Verhältnissen, Einschränkungen und Beziehungen zusammen betrachten, und das ist es, was ich Anthropologie nenne.«[59] Dieses Programm richtet sich von Anfang an gegen das cartesianische Wissenschaftsideal, das auf Kontextfreiheit und abstrakte Allgemeinheit zielt. Die neue Anthropologie will die Trennung von Denken und Körper zurücknehmen, die Descartes als Preis für ein begrifflich klares und methodisch gesichertes Wissen gefordert hatte. Sie kritisiert aber ebenso die vielfältigen metaphysischen Versuche zur Bewältigung dieser Trennung, z.B. Leibniz' Anordnung einer prästabilierten Harmonie. Dagegen setzt die Anthropologie auf den Bezug zur Empirie. Und es ist vor allem der Körper, der als Kontext des Denkens wiedereingeführt werden soll. Die anthropologische Bewegung unterscheidet sich durch ihr physiologisches Interesse von der Rolle, die Kant der Anthropologie zuschreibt. Physiologie steht hier aber nicht für die naturwissenschaftliche Vergegenständlichung, sondern für die Naturalisierung des Menschen, so daß sich immer wieder die Frage stellt, die Kant für anthropologisch unangemessen hält: inwieweit der Mensch durch die Natur bestimmt ist.

Herder hat dieses physiologische Interesse verteidigt und doch ebenso entschieden mit erkenntnistheoretischen und ästhetischen Gesichtspunkten verknüpft. Von der Physiologie der Kräfte oder der Sinne ist in seinem Werk durchgehend die Rede. In *Erkennen und Empfinden der menschlichen Seele* zeigt sich, daß die Theorie der Empfindung physiologisch ausgelotet ist. In den Tiefenschichten der Seele ist die Empfindung organisch verankert, und sie läßt sich deswegen physiologisch betrachten. »Tiefer können wir wohl die Empfindung in ihrem Werden nicht hinabbegleiten, als zu dem sonderbaren Phänomen, das *Haller* ›Reiz‹ genannt hat.« (SW VIII, 171)

Die Frage, die Kant der Anthropologie untersagt hat, »was die Natur aus dem Menschen macht«, hält Herder für unabweisbar. Und im Hinblick auf die Funktionen der Seele beantwortet er sie so, daß Erkenntnis ihre Grundlage in der Empfindung hat, daß aber zugleich Empfindung selbst schon ein besonnenes Verhalten zur Welt ist, weil sie die Natur nicht abbildet, sondern mit Merkmalen versieht, also gliedert. Deswegen übersetzt Herder das physiologische Vokabular in ein ästhetisches und erklärt den Reiz zur Stufe des Sensiblen, so daß sich eine Entwicklung vom Reiz über den Trieb zur Empfindung und schließlich zur Erkenntnis ergibt: »ein ewiger Fortgang von organischer Schöpfung, der in jedes lebendige Geschöpf gelegt ward« (HW VI, 82), wie es dann später in den *Ideen* heißt.

Das ist allerdings ein weitgespannter Bogen von der Physiologie der Reize bis zu den abstrakten Verstandesleistungen, er umfaßt nicht weniger als den ganzen Menschen. »Am Ende des Jahrhunderts entwickelt sich aus der ›Anthropologie‹ die Lehre von der Bildung des ganzen Menschen, das Ideal der Humanität.«[60] Auf die Bildung des Menschen als eines progressiven Ganzen hat Herder von Anfang an gesetzt. Das Ideal der Humanität bildet in seinem Werk das Gegengewicht zur Physiologie. Es ist dieses Ideal, das ihn – bei allen Unterschieden – doch mit der Frage der praktischen Philosophie Kants verbindet: was der Mensch aus sich machen kann und soll. Daß Herder beides vertritt, Physiologie und Humanität, unterscheidet ihn vom harten Kern der philosophischen Ärzte, die sich in der Regel darauf beschränken, aus der Naturalisierung des Menschen dessen Bestimmung zu gewinnen. Bei Herder lassen sich die Widersprüche im Konzept der Anthropologie des 18. Jahrhunderts, den ganzen Menschen zu denken, deutlich ablesen. In der Unübersichtlichkeit, die seinem Werk bis heute bescheinigt wird, spiegelt sich auch der holistische Zugriff, der doch immer wieder zu kurz greift. »Noch vor 1800 stellt man fest, daß der ›ganze Mensch‹ in dem Maße zersplittert, wie man sich seiner zu vergewissern unternimmt.«[61]

Durch ihren philosophischen Gehalt gewinnt Herders Parole von der Einziehung der Philosophie auf Anthropologie eigenes Profil. Es ergibt sich – bei aller Opposition – aus der Nähe zum Problemstand der Transzendentalphilosophie Kants, zur philosophischen Diskussion seiner Zeit überhaupt, vor allem aber aus der sprachphilosophischen Grundausstattung seines Denkens. Zum einen ist Herder durch die Lehre vom ganzen Menschen mit der Anthropologie des 18. Jahrhunderts verbunden; das Ideal des Humanismus und die holistischen Tendenzen stehen dafür. Zum anderen hat er die Wende zum Subjekt mitvollzogen, deren Konsequenz in der Einsicht liegt, daß unser Wissen von Gegenständen durch Leistungen des Subjekts zustande kommt; dafür steht seine kritische Theorie der Sprache. Beeinflußt ist Herder aber auch durch Hamanns vehemente Einsprüche gegen die Transzendentalphilosophie. Sie sollten die von allen Kontexten gereinigte Vernunft wieder auf die Bedingungen verweisen, unter denen sie steht. Erfahrung, Tradition, Sprache: Das sind die Dimensionen, die Hamann der Vernunft zurückerstatten wollte. Seine *Metakritik über den Purism der Vernunft* (1784) benennt noch einmal die theoretischen Voraussetzungen, denen er von Anfang an folgt. Schnädelbach hat dargelegt, daß Hamanns Vernunftschelte nicht für die Gegenaufklärung eintritt, vielmehr »intendiert sie Aufklärung der Aufklärung über sich selbst, d.h. über die ›transzendente‹, die Wirklichkeit menschlicher Vernunft spekulativ überfliegende Interpretation des Aufklärungsfundaments. Indem Hamann diese Wirklichkeit der Vernunft als sprachliche Wirklichkeit deutet, trägt er Historie – ›Überlieferung und Usus‹ – in das Fundament historischer Aufklärung selbst hinein, und dies mit aufklärerischen Argumenten.«[62] Der Vernunft nachzuweisen, daß sie schon in der Welt war, das ist auch das Motiv für Herders Programm, Philosophie auf Anthropologie einzuziehen. In einem allgemeinen Sinn steht Anthropologie für das, was aus der Vernunft ausgeschlossen war: die historische Welt der Kulturen und der Individuen. »Gegen den Purismus der Vernunft« lautet auch hier das Motto der Vernunft.

Erfahrung

Gegen das rationalistische Konzept, ein Wissen aus allgemeinen Prinzipien zu konstruieren, das alle Kontexte aus sich ausschließt – für das exemplarisch die Philosophie Descartes' steht –, erhebt sich im 18. Jahrhundert auf ganz verschiedenen Seiten Widerspruch: von Vico über die Anthropologie bis zu Hamann, vor allem aber im Empirismus. Über die Philosophie des Empirismus war Herder gut informiert. Das zeigen die frühen Schriften zur Ästhetik (*Viertes Kritisches Wäldchen*, Vorarbeiten zur *Plastik*), aber auch die Preisschrift zur Sprache. Ebenso vertraut war er aber auch mit den rationalistischen Versuchen der Bewältigung des cartesianischen Erbes bei Leibniz oder bei Baumgarten. Herder war von Anfang an davon überzeugt, daß ein Wissen haltlos ist, das alles ausschließt, was nicht begrifflich klar und methodisch gesichert erscheint. Und doch sieht er im Zugang zur Empirie keineswegs eine tragfähige Basis. Als Schüler Kants hat er Einsicht genommen in die Grundlagen moderner Reflexivität, die besagen, daß es einen voraussetzungslosen Zugang zur Empirie nicht geben kann und daß jeder Erfahrung theoretische Einstellungen vorausliegen. Daraus folgt aber auch, daß die Annahme einer objektiven Realität sinnlos ist. Herder hat diesen Befund schon früh so interpretiert, daß wir im Denken keine Realität abbilden, sondern sie uns auf eine spezifische Weise zugänglich machen oder, wie es in der *Abhandlung* heißt, »erfinden«, also Realität mit Merkmalen versehen und dem symbolischen Universum eingliedern. Schon im *Versuch über das Sein* hat Herder alle Abbildtheorien des Denkens verabschiedet, wenn er das Sein als Grund einer Gewißheit auslegt, die nicht begründet werden kann. Als »allersinnlichster« Begriff kann das Sein logisch nicht demonstriert werden. Als »Element, mit dem wir umhüllt sind«, ist es jedoch Erfahrungsdatum, das in der Empfindung zum Bestandteil der sinnlich-anschaulichen Welt wird und deshalb ästhetisch darstellbar ist.

In Herders Begriff der Erfahrung ist deren reflexive Struktur mitgedacht. Erst unter diesen Voraussetzungen gehört Erfahrung zu den Grundbegriffen seiner Philosophie. Kritisch setzt er diesen Begriff gegen alle Formen des Wissens ein, bei denen Sinnlichkeit nicht zu den Erkenntnisformen gerechnet wird, durch die wir uns die Welt erschließen. In Kants Rezension der

Ideen findet Herder sich gründlich mißverstanden. In einem Brief an Wieland verteidigt er seine Philosophie aus Erfahrungen, und er läßt keinen Zweifel daran, daß sie gegen die Konstruktion einer reinen Vernunft gerichtet ist. »Wer glaubt, daß es keine Philos[ophie] über facta gebe: der scheide sich von mir, für ihn ist das Buch [der 1. Teil der *Ideen*] nicht geschrieben. In Gesch[ichte] muß von Geschichte die Rede seyn – hier *mußte* ich also Metaphys[ik] von mir ablehnen. [...] Nun musten meine Entwickelungen u. Beweise nur analogisch, ihre Gewißheit nur historisch oder moralisch seyn etc. Eine Metaphysik der Geschichte hat nur der, bei dem alle Geschichte als schon vergangen daliegt. So ein Mann ist nun wohl H. Prof[essor] Kant, so wohl in seiner Weltbürgeridee, als in seiner reinen Vern[unft] aber ich nicht.«[63]

Doch auch Baumgarten trifft der Vorwurf, daß seine Ästhetik keinen Zugang zur Erfahrung ermöglicht. Herder lobt daran, daß sie keine Kunstlehre ist, vielmehr grundsätzlicher eine Theorie der Sinne sein will; er rügt aber, daß Baumgarten den neugewonnenen Begriff sinnlicher Erfahrung wieder zurücknimmt, weil er Sinnlichkeit an den Leistungen der logischen Urteilsfunktion mißt, der »cognitio«. Drastisch heißt es in der Auseinandersetzung mit Baumgarten: »Weg also cognitio: Gefühl macht eine besondere *Gattung* aus.« (HW I, 671) Herders Begriff der Erfahrung hat seine Basis in der Empfindung: im Zugang zur Welt, der durch die Sinne vermittelt ist. Erfahrung verweist auf das Sein als »Mittelpunkt der Gewißheit« und bezeichnet alle Kontexte, durch die das Subjekt auf das Sein bezogen ist.

Gegen Kant besteht Herder darauf, daß Raum und Zeit keine Formen a priori sind, die der Erfahrung vorausgehen, sondern Erfahrungsbegriffe. »Wir *sind* und zwar mit *andern*; das *wo* wir sind, hangt unserem Daseyn an [...]. Unser Seyn ist *umgrenzt*, und wo wir *nicht* sind, können andre seyn; dies verneinende *Wo* nennen wir *Raum*. [...] Sofern ist Raum blos ein *Erfahrungsbegriff*, veranlaßt von der Empfindung, daß ich weder das All, noch allenthalben bin, daß ich im Universum nur einen *Ort* einnehme. Das ungebohrne Kind in seiner engen Wohnung ist, durch manchen Druck und Stoß, dieser Empfindung schon *inne geworden*.« (SW XXI, 48) Die Formen der Anschauung, durch die wir Gegenstände räumlich gliedern, sind nicht gegeben, sondern durch Erfahrung erworben und deswegen an Bedingungen gebunden. So unterscheidet sich die alltägliche Raumerfahrung vom geometrischen Raum oder den sprachlichen Metaphern, mit denen wir Raumbeziehungen ausdrücken. Es ist sinnlos, eine reine Anschauungsform ohne Bezug auf Erfahrungsweisen zu unterstellen. Wo reine Formen a priori denkbar sind, gelten sie nur für den Verstandesgebrauch, also wiederum für eine bestimmte Erfahrungsweise. Entsprechend argumentiert Herder im Hinblick auf die Anschauung der Zeit. »*Die Zeit* ist allerdings *ein Erfahrungsbegriff*, vom Lauf der Begebenheiten, von der Folge der Veränderungen um-, in- und an uns sehr langsam abgezogen, d.i. vom Verstande bemerket.« (SW XXI, 59) Von der Wahrnehmung der Zeit gilt um so mehr, daß sie eine Erfahrungsweise ist, die ihr Maß in sich selbst hat. »Es giebt also (man kann es eigentlich und kühn sagen) im Universum zu Einer Zeit unzählbar-viele Zeiten; die Zeit, die wir uns als das Maas Aller denken, ist bloß ein *Verhältnismaas unsrer Gedanken* [...].« (SW XXI, 59) Diese Kritik am Apriorismus läuft aber nicht auf einen Relativismus hinaus. Herder bestreitet nicht die Möglichkeit einer Zeitanschauung, die allgemein gilt; sie kann aber der Erfahrung nicht vorausgehen, sondern ist selbst eine Erfahrungsweise, die der Verstand verbindlich gemacht hat.

In bezug auf die *Metakritik* lassen sich an Herders Begriff der Erfahrung zwei Funktionen unterscheiden: 1. eine kritische Funktion, die sich gegen die Konstruktion reiner, von der Erfahrung abgekoppelter Verstandesbegriffe richtet und die Vernunft daran erinnern soll, daß sie schon in der Welt ist, 2. eine synthetische Funktion, die aus den verschiedenen Wahrnehmungserlebnissen einen organischen Zusammenhang erstellt, ein Wahrnehmungsganzes.

Durchgehend hat Herder seinen Begriff von Erfahrung gegen die Transzendentalphilosophie Kants gerichtet: »Statt nämlich zu *transcendiren*, kehre die Vernunft auf den Ursprung ihres Besitzes, d.i. in sich selbst zurück, mit der Frage: ›wie kamst du zu dir und zu deinen Begriffen? wie hast du diese ausgedrückt und angewandt, verkettet und verbunden? woher kommts, daß du ihnen allgemeine, nothwendige Gewißheit zueignest?‹ Unterläßet sie diese Frage und isolirt sich von *aller* Erfahrung: so thäte sie wohl, wenn sie sich auch von der Sprache isolirte: denn diese hat sie gewiß doch nur durch *Erfahrung*.« (SW XXI, 40 f.) Aber in dieser Kritik ist zugleich die synthetische Funktion der Erfahrung benannt, ein Wahrnehmungsganzes zu ermöglichen. Die Erfahrung reicht vom elementaren Selbstgefühl über die Ästhetik der Sinne bis zum Gebrauch der Sprache und den Verstandesleistungen. Sie steht bei Herder für die grundsätzliche Kontextgebundenheit der Subjektivität und ist auf allen Ebenen wirksam, auf denen sich Subjekte überhaupt zur Welt verhalten können. Deswegen will er die Kritik der Vernunft durch eine »Physiologie der menschlichen Erkenntniskräfte« ersetzen. Dieser Vorschlag aus der *Metakritik*, der durchaus polemisch gemeint ist, erinnert noch einmal an das physiologische Interesse, das Kant der Anthropologie untersagen wollte. Die Naturalisierung des Menschen seitens der Anthropologie des 18. Jahrhunderts stellte eine Kritik an der Metaphysik dar. Die Leibgebundenheit, die natürlichen Verschiedenheiten von Geschlecht, Temperament, Charakter, Lebensalter, Klima – Herder kann das anthropologische Thema der Natürlichkeiten aufnehmen und in seinen Begriff von Erfahrung integrieren. In den ersten drei Büchern der *Ideen* bildet dies den physiologischen Grund der Universalgeschichte des Menschen.

Kultur

In der Kulturphilosophie Cassirers erscheint der Mensch ausgezeichnet als »animal symbolicum«: Es ist seine Fähigkeit, Sprache und überhaupt Symbole zu gebrauchen, die seine besondere Stellung ausmacht. Das ist der entscheidende Schritt, mit dem der Mensch den Funktionskreis von Reiz und Reaktion sprengt, an den die Tiere gebunden sind. »Der Mensch entkommt dieser seiner Erfindung nicht. Er kann nicht anders, als sich auf die Bedingungen seines Daseins einzustellen. Er lebt nicht mehr in einem bloß physikalischen, sondern in einem symbolischen Universum. Sprache, Mythos, Kunst und Religion sind Bestandteile dieses Universums. Sie sind die vielgestaltigen Fäden, aus denen das Symbolnetz, das Gespinst menschlicher Erfahrung gewebt ist.«[64] Cassirer hat sich immer wieder auf Herder berufen. In der *Abhandlung* findet er die entscheidende Einsicht für eine Philosophie der Kultur schon vorausgedacht: daß der Mensch ein Sprachgeschöpf ist und sich die symbolischen Welten der Kultur hat erfinden müssen, um in der Natur zu bestehen. »Der erste Denker, der dies klar erkannt hat, war Herder.«[65]

Strenggenommen tritt Philosophie, die sich als Kulturphilosophie versteht, erst gegen Ende des 19. Jahrhunderts auf. Wilhelm Perpeet hat aber in seiner Analyse zur Wortbedeutung von »Kultur« gezeigt, daß philosophisch anschließbare Begriffe von Kultur seit dem 18. Jahrhundert vorliegen, und er hat sich dabei auch auf Herder bezogen.[66]

Die antike Verwendung von »cultura« hatte zunächst eine

handfeste agrarische Bedeutung; vom Ackerbau gehen dann auch die Übertragungen im Lateinischen aus und ermöglichen Metaphern wie »cultura animi«. Perpeet rechnet dem Gebrauch von »cultura« zwei Eigenschaften zu: Sie ist erstens ergologisch, weil sie Ergebnis menschlicher Tätigkeit ist; sie enthält aber auch die Bedeutung von »guten Sitten«, sie unterliegt normativen Ansprüchen und ist deswegen zweitens moralisch ausgelegt. Ein drittes Merkmal von Kultur ergibt sich erst in der Aufklärung. So argumentiert Pufendorf, daß wir das Naturrecht gerade nicht als Naturzustand verwirklichen können, sondern nur in der Kultur, weil sie es erlaubt, die Vernunft auszubilden und gesellschaftliche Bindungen zu institutionalisieren. Hier erhält Kultur eine sozietäre Bedeutung. Im 18. Jahrhundert schließlich wird Kultur zum Gegenstand von Geschichte und erweist sich viertens als historisch bestimmt: Kultur erscheint jetzt im Plural unterschiedlicher kultureller Welten. Perpeet demonstriert die historische Kennzeichnung von Kultur mit einem Zitat aus Herders *Ideen zur Philosophie der Geschichte der Menschheit*. Dort heißt es: »Nun aber hat jede Art der menschlichen Kenntnisse ihren eigenen Kreis, d.i. ihre Natur, Zeit, Stelle und Lebensperiode; die griechische Kultur z.B. erwuchs nach Zeiten, Orten und Gegenständen und sank mit denselben.«[67]

Herder hat aber die Kultur nicht nur als historischen Gegenstand ausgezeichnet, entscheidend ist vielmehr, daß er die vier Eigenschaften von Kultur, die Perpeet anführt, im Medium von Sprache interpretiert. Es geht vor allem um die ergologischen und die historischen Merkmale von Sprache: Daß die Menschen Sprache erfunden haben, ist Thema der *Abhandlung*; sie legt aber auch dar, daß Sprache nicht außerhalb der Geschichte steht und daß die Idee einer Universalsprache die historische Auszeichnung von Sprache verfehlt. In der Rückbindung an Geschichte hat Herder die sozietäre Dimension von Sprache immer schon vorausgesetzt. Und schließlich ergeben sich normative Ansprüche, weil die Sprache Organ für das progressive Ganze einer Kultur ist und den Vorzug der Freiheit umsetzen muß. Deswegen ist Sprache auf die Ausbildung von Humanität verpflichtet. Gerade weil Herder die Kulturfähigkeit des Menschen als erweiterte Sprachfähigkeit versteht, muß er die Pluralität der Kulturen nicht relativistisch begründen, sondern kann sie nach dem Muster der Sprache als Individuen denken. Universell ist die Sprachfähigkeit des Menschen, aber die eine für alle verbindliche Kultur gibt es ebensowenig wie eine Sprache aller. »Denn jeder Mensch kann und muß allein in *seiner* Sprache denken.« (SW XXI, 32) Für die Kultur gilt dann: »[...] jede Nation hat ihren *Mittelpunkt* der Glückseligkeit *in sich*, wie jede Kugel ihren Schwerpunkt!« (SW V, 509) Deswegen müssen wir mit Kulturen so umgehen wie mit Individuen, d.h., sie aus den Bedingungen ihrer Erfahrung verstehen.

Herder führt seinen Kulturbegriff als zweite Genesis ein. »Wollen wir diese zweite Genesis des Menschen, die sein ganzes Leben durchgeht, von der Bearbeitung des Ackers *Kultur* oder vom Bilde des Lichts *Aufklärung* nennen: so stehet uns der Name frei; die Kette der Kultur und Aufklärung reicht aber sodann bis ans Ende der Erde.« (HW VI, 340) Daß der Mensch sich noch einmal in der Kultur erfinden muß, geht aus seiner Kondition hervor und gilt universell. In dieser Hinsicht gibt es nur die eine Kultur des Menschen, sie unterscheidet ihn von der Sphäre der Tiere. »Auch der Californier und Feuerländer lernte Bogen und Pfeile machen und sie gebrauchen: er hat Sprache und Begriffe, Übungen und Künste, die er lernte, wie wir sie lernen; sofern ward er also wirklich kultiviert und aufgekläret, wiewohl im niedrigsten Grade. Der Unterschied zwischen aufgeklärten und unaufgeklärten, zwischen kultivierten und unkultivierten Völkern ist also nicht spezifisch; sondern nur Gradweise.« (HW VI, 340) Es liegt im Wesen des Menschen, daß er sich Kultur hat erfinden müssen. In die Kultur sind jedoch die konkreten Bedingungen eingegangen, die der Mensch als seine Erfahrungsbasis vorfindet, z.B. das Klima. »Was ist das Hauptgesetz, das wir bei allen großen Erscheinungen der Geschichte bemerkten? Mich dünkt dieses: *daß allenthalben auf unserer Erde werde, was auf ihr werden kann, Teils nach Lage und Bedürfnis des Orts, Teils nach Umständen und Gelegenheiten der Zeit, Teils nach dem angebornen oder sich erzeugenden Charakter der Völker*. Setzet lebendige Menschenkräfte in bestimmte Verhältnisse ihres Orts und Zeitmaßes auf der Erde und es ereignen sich alle Veränderungen der Menschengeschichte.« (HW VI, 507 f.)

Herder verabschiedet die Vorstellung von einer konstanten Natur des Menschen. Weil der Mensch als Naturwesen nur unzureichend bestimmt ist, muß er eine eigene Sphäre ausbilden. Aber auch durch die Erfindung von Sprache und Kultur läßt sich der ursprüngliche Mangel nicht grundsätzlich aufheben. Gerade darin besteht die Offenheit des Menschen. Aus dem Mangel, daß die menschlichen Sinne weniger ausgebildet sind, ergibt sich der Vorzug der Freiheit. Diese Bestimmung läßt sich aber gerade nicht allgemein umsetzen, sondern nur individuell unter den konkreten Bedingungen der jeweiligen Kultur. »So wenig ein Mensch seiner natürlichen Geburt nach aus sich entspringt: so wenig ist er im Gebrauch seiner geistigen Kräfte ein Selbstgeborner. Nicht nur der Keim unsrer innern Anlagen ist genetisch wie unser körperliches Gebilde: sondern auch jede Entwicklung dieses Keimes hängt vom Schicksal ab, das uns hie oder dorthin pflanzte und nach Zeit und Jahren die Hülfsmittel der Bildung um uns legte. Schon das Auge mußte sehen, das Ohr hören lernen: und wie künstlich das vornehmste Mittel unsrer Gedanken, die Sprache, erlangt werde, darf keinem verborgen bleiben.« (HW VI, 336 f.)

Herder hat seinen Kulturbegriff in der Sprachphilosophie fundiert und in der Geschichtsphilosophie entfaltet. Aus diesem Bezug auf Sprache und Geschichte folgt für Kultur als wesentliches Merkmal Individualität. Ihre »individuelle Bestandheit« ergibt sich aus den Erfahrungsdaten, aus dem »Wo unsers Daseyns« und dem »Maas seiner Zeit«. Deswegen zählt auch Kultur zu den Stichworten, mit denen Herder für eine Erweiterung der Vernunft plädiert.

Vernunft

In der Philosophie des 18. Jahrhunderts hat Kant die Terminologie der Vernunft neu geordnet. Bis dahin wird »Vernunft« als Übersetzung für »ratio« gebraucht und bezeichnet im Anschluß an die scholastische Psychologie ein niederes Erkenntnisorgan mit der Funktion, sinnliche Wahrnehmung begrifflich zu ordnen. Der Verstand – als Übersetzung von »intellectus« – ist dagegen höher bewertet, weil er die Bildung reiner Ideen oder Prinzipien unabhängig von der Sinneswahrnehmung ermöglicht. Im übrigen ist »ratio« selbst die lateinische Übersetzung des griechischen Ausdrucks »noûs«, »intellectus« die Übersetzung von »diánoia«. In dieser traditionellen Terminologie steht Vernunft (ratio) für die diskursiven Operationen des Denkens, Verstand (intellectus) für das Vermögen intuitiver, d.h. rein geistiger Erkenntnis.

Der Rationalismus setzt auf die Fähigkeit des Intellekts, Prinzipien zugänglich zu machen, die weder aus sinnlicher Wahrnehmung stammen noch Ergebnisse diskursiven Denkens sind. In diesen »eingeborenen Ideen« (ideae innatae) finden wir die »notwendigen Wahrheiten«, wie es bei Leibniz heißt. Der Empirismus richtet sich vor allem gegen die Möglichkeit intuitiver Erkenntnis und lehnt die Annahme eingeborener Ideen strikt ab. Sein Ziel ist es, Denken auf eine sinnliche Basis zu stellen und in einer Begriffsanalyse zu bestimmen. Für den Intellekt als Organ reiner Erkenntnis hat der Empirismus keine Verwendung, was aber nicht heißt, daß allgemeine Ideen oder Prinzipien keine Rolle spielen würden.

Mit der Rückbindung der Erkenntnis an Leistungen der Subjektivität verändert sich im Laufe des 18. Jahrhunderts die Terminologie. In den Blick kommen jetzt die Bedingungen, unter denen Subjekte Wissen hervorbringen können. Der Vernunft kommt in der Philosophie Kants die Rolle als »oberstes Erkenntnisorgan« zu, das die Verstandesbegriffe, die auf den Erfahrungsgebrauch eingeschränkt sind, zu einem geschlossenen Ganzen des Wissens verbindet. Dort bilden Vernunft und Verstand keinen Gegensatz, weil beide als Organe der Urteilsfunktion ausgewiesen sind. Beide sind durch Verfahrensregeln definiert, sie unterscheiden sich allerdings durch ihren Anwendungsbereich. Der Verstand ist auf Gegenstände in der Erfahrung angewiesen, die Vernunft bezieht sich auf die Verstandesoperationen und legt deren Bedingungen frei, die vor der Erfahrung (a priori) in den Formen der Sinnlichkeit und des Denkens liegen. Im strengen Sinn der *Metakritik* hat der Verstand in der Terminologie Herders die Aufgabe, Erfahrungsdaten mit Merkmalen zu versehen und sie an Sprache anzuschließen. Ausschließlich die in Zeichen gegliederte Erfahrung ist Gegenstand der Vernunft. Deswegen zielt die Vernunft auch nicht auf die Analyse reiner Formen jenseits der Erfahrung, sondern hält sich an die sprachlich verfaßte Erfahrung. Das meint die Formel, Vernunft ist und heißt Sprache.

Zum Thema Vernunft hat Herder sich noch vor der *Metakritik zur Kritik der reinen Vernunft* im vierten und später im neunten Buch der *Ideen* geäußert. Diese erste Reaktion auf Kants Begründung seiner Transzendentalphilosophie ist eingearbeitet in Komplexität und Materialreichtum der universalhistorischen Darstellung. Und es ist dieser Ort selbst, der schon die Botschaft ist: daß die Vernunft eine Geschichte hat und nicht auf Prinzipien gegründet werden kann, die vor der Erfahrung liegen, daß sie vielmehr nur durch den Rückgriff auf Erfahrung verstanden werden muß. »Nicht nur Philosophen haben die menschliche Vernunft, als unabhängig von Sinnen und Organen, zu einer ihm [dem Menschen] ursprünglich reinen Potenz erhoben; sondern auch der sinnliche Mensch wähnet im Traum seines Lebens, er sei alles, was er ist, durch sich selbst worden.« (HW VI, 336)

Herder geht es vor allem darum, den Titel und das Programm einer reinen Vernunft zurückzuweisen. Das soll in den *Ideen* vor allem der Anschluß an die *Abhandlung über den Ursprung der Sprache* leisten. Die Einsicht, daß Vernunft an Sprache gebunden ist, läßt nach der Überzeugung Herders das Projekt einer reinen Vernunft als sinnlos erscheinen. In der *Abhandlung* wird Vernunft als Äquivalent für Reflexion und Besonnenheit gebraucht. Jetzt kommt Herder auf das Gemeinsame aller drei Ausdrücke zurück, das er als Ergebnis der Sprachtheorie formuliert: »[...] denn was wars, das den Menschen über die Tiere erhob und auch in der rohesten Ausartung ihn verhinderte, nicht ganz zu ihnen herabzusinken? Man sagt: Vernunft und Sprache. So wie er aber zur Vernunft nicht ohne Sprache kommen konnte: so konnte er zu beiden nicht anders als durch die Bemerkung des Einen im Vielen [...] gelangen.« (HW VI, 375 f.) »Bemerkung des Einen im Vielen« – das ist die Formel für die Konstitution von Merkmalen, in der Herder die eigentliche Voraussetzung für die Bildung symbolischer Welten sieht und die er am prägnantesten unter dem Begriff der Reflexivität gefaßt hat. So kann deutlich werden, worum es geht: Merkmalkonstitution setzt Erfahrungsdaten voraus, die durch sinnliche Wahrnehmung zugänglich sein müssen; reflexiv ist diese Operation aber, weil sie sich nicht nur auf den Gegenstand bezieht, sondern zugleich auf einen Vorrat von schon angeeigneten Merkmalen oder Zeichen zurückweist. Die Gliederung der Realität ist die eine, die Gliederung der Sprache aber die andere Seite derselben Handlung. Deswegen läßt sich Sprache ohne Bezug auf Erfahrung ebensowenig denken wie Realität ohne Bezug zur Sprache. Anders formuliert ist die Sprache Erfahrungs- und Reflexionsbegriff zugleich. Es ist diese Struktur, die Herder in den *Ideen* auf Kultur und auf Vernunft überträgt.

In der Fähigkeit, die Realität nach Merkmalen zu gliedern, »Eins im Vielen« zu erkennen, sieht Herder das Grundverhältnis des Menschen zur Welt. Es gilt für alle Modalitäten, in denen sich der Mensch zur Welt und zu sich selbst verhalten kann. »Wozu dies alles? Bemerkbar zu machen, daß unsre Natur, so viel Kräfte wir ihr auch mit Recht zuschreiben, nur Eine Hauptkraft des *Innewerdens*, und zwar unter dem großen Gesetz: *›Eins in Vielem‹* kenne, das das Wort *Innewerden* selbst ausdrückt.« – »Ein leiser Faden knüpft die dunkelste Empfindung mit der hellesten Vernunfthandlung; alle Erkenntnißkräfte beschäftigt dasselbe Werk, *Innewerden, Anerkennen, sich aneignen*. Das Unterste arbeitet dem Obersten vor, nach einem und demselben Gesetz, in Einer vielarticulirten Symmetrie, Harmonie, Eintracht.« (SW XXI, 86 u. 316)

Bei der Merkmalkonstitution lassen sich drei Stufen unterscheiden:

1. Das Bemerken ist zuerst Abstraktion von den vielen Eigenschaften eines Gegenstands der Wahrnehmung: »[...] so bald er in die Bedürfnis kommt, das Schaf kennen zu lernen: so störet ihn kein Instinkt: so reißt ihn kein Sinn auf dasselbe zu nahe hin, oder davon ab: es steht da, ganz wie es sich seinen Sinnen

äußert. Weiß, sanft, wollicht – seine besonnen sich übende Seele sucht ein Merkmal, – *das Schaf blöcket!* sie hat Merkmal gefunden.« (HW I, 723) Im Sinne der Dekompositionslehre Gehlens zielt das Bemerken auf einen prägnanten Eindruck, der die Gesamtszene symbolisch vertreten kann. Gehlen macht deutlich, daß die Prägnanz der Wahrnehmung auch von Interessen bestimmt sein kann.

2. Daß in die Merkmalbildung subjektive oder historische Einstellungen eingehen, hat Herder als Zueignen bezeichnet. »Denn bei jeder dieser Zueignungen tat er eigentlich nichts, als das Merkmal eines zähmbaren, nützlichen, sich zuzueignenden Wesens bemerken und es durch Sprache oder Probe bezeichnen. Am sanften Schaf z.E. bemerkte er die Milch, die das Lamm sog, die Wolle, die seine Hand wärmte und suchte das Eine wie das Andre sich zuzueignen.« (HW VI, 356) Auf den beiden ersten Stufen geht es um die Gliederung der sinnlich-anschaulichen Welt und auf der Seite des Subjekts um die Ausbildung des »sensorium commune«.

3. Erst auf der dritten Stufe kommt die Sprache ins Spiel. Jetzt geht es um den Anschluß der bemerkten und zugeeigneten Merkmale an die willkürlichen Zeichen der Sprache. *»Diese Merkmale werden abermals in willkürliche, ihnen ganz unwesenhafte Laute verfaßt, mit denen die Seele denket.«* (HW VI, 349)

In den *Ideen* hat Herder zwischen Verstand und Vernunft nicht immer begrifflich klar unterschieden, erst die *Metakritik* liefert Unterscheidungskriterien. Die Formel »Eins im Vielen« gilt für Verstand und Vernunft gleichermaßen. Unterschieden sind sie jedoch durch ihren Geltungsbereich. Der Verstand ist an die Erfahrung gebunden. Er gliedert die sinnlich-anschauliche Welt aus der Perspektive subjektiver oder historischer Einstellungen, und er verknüpft die Merkmale mit den sprachlichen Zeichen, so daß ihm als wichtigste Aufgabe die Koordination zwischen sinnlicher und sprachlicher Welt zukommt. Die Vernunft bezieht sich nicht auf Erfahrung, sondern auf »Verstandeszeichen«, auf symbolisch geordnete Zeichen also und auf die Sprache, die ihr eigentliches Medium ist. »Wie der Verstand Erfahrung, so hat die Vernunft zu *ihrer* Sphäre das weite Reich menschlicher Gedanken, mittelst der *Rede*. Was durch irgend ein Zeichen ausgedrückt, vestgehalten, verständlich gemacht werden kann, darf sich vor die Vernunft als eine Vernehmerinn wagen: auf Angaffungen im Raum und in der Zeit läßt sie sich nicht einschränken. Mittelst der *Sprache* ist ihr alles gegeben, was sich durch Sprache im weitesten Sinne des Worts ausdrücken läßt; sie selbst ist und heißt Sprache.« (SW XXI, 293) Die entschieden grundsätzliche Ausrichtung der Vernunft auf Sprache schließt von vornherein aus, daß sich Vernunft durch den Rückgriff auf bloße, nicht sprachlich verfaßte Erfahrungsdaten oder auf reine, intuitiv zugängliche Formen a priori verständlich machen läßt: Weder Empirismus noch Transzendentalphilosophie kommen hier als Optionen in Frage. Von beiden Schulen unterscheidet sich Herders Vernunftbegriff durch die konsequente Kritik am Modell einer Vernunft, die von Sprache gereinigt ist.

Für die Vernunft gilt wie für den Verstand, daß sie Aneignung des »Einen im Vielen« ist. Aber im Unterschied zum Verstand verläuft hier die Reflexion nicht über das Verhältnis von Erfahrung und den symbolischen Formen, in denen Erfahrung angeeignet ist, sondern innerhalb der symbolischen Formen selbst. »Ihrer Natur nach umschließet sich ihr das Allgemeine in ein gegliedertes *Ganzes*, das aus gegebnen Datis, so weit Sprache oder Zeichenkunst reicht, *ihr* Schluß, *ihr* Werk ist.« (HW XXI, 294)

Aufgabe der Vernunft ist es hier, aus den Daten, die der Verstand sich angeeignet hat, ein symbolisch gegliedertes Allgemeines herzustellen. Es ist offenkundig, daß dies nicht im Medium einer Universalsprache geschehen kann, sondern nur im Rückgriff auf eine natürliche Sprache.[68] Wenn der Grundsatz gilt, daß Vernunft Sprache ist, dann ist Vernunft nicht nur um Sprache erweitert, sie ist ebenso durch Sprache begrenzt. Josef Simon hat das am Begriff der Zeit demonstriert, den Herder nicht auf eine unveränderliche Anschauung a priori festlegen will.[69] Zeit ordnet nach Kant unsere Anschauungen von Gegenständen, Herder besteht aber darauf, daß sie auch unsere Gedanken ordnet. »Der ganzen Sprachfügung bemächtigte sich also die *Zeit* allmählich; sie, die alles regieret, ordnet auch die Folge der menschlichen Gedanken. Da alles Thun und Leiden sich in der Zeit zuträgt, und es nie gleichgültig ist, wenn etwas geschehe, oder geschehen sei, oder geschehen werde, so fügete sich die Zeit an alle That- und Leidensworte (verba).« (SW XXI, 57) Deswegen sind alle Begriffe zeitbestimmt, einschließlich derjenigen, die wir von der Zeit haben. Simon hat dargelegt, welche Sprengkraft darin liegt, die Begriffe der Sprachfügung zu unterstellen und der Zeit auszusetzen. »Die Sprache entwickelte sich in der Zeit zum Ausdruck der Zeit gegen den Begriff.«[70] Weil sich die Begriffe in der Sprache als zeitbedingt erweisen, wird an den Gegenständen, auf die sie sich beziehen, ein Stück ihrer Individualität sichtbar. Die Sprache ermöglicht die Bildung von Begriffen ebenso, wie die Zeit ihnen den Boden entzieht. Zwischen diesen beiden Instanzen, der Sprache und der Zeit, bewegt sich die Vernunft. Aus dieser Perspektive kann deutlich werden, daß die Allgemeinheit, die Herder der Vernunft als Aufgabe gibt, nicht abstrakt sein kann, sondern nur konkret in dem Sinn, daß sie sich als das Allgemeine einer Sprache versteht. »Vernunft ist das Wissen darum, daß alles seine Zeit hat und daß Wörter nur in ihrer jeweiligen Fügung als Ausdruck individueller Eindrücke Bedeutung haben, d.h. innerhalb von Bestimmungs- und Orientierungsversuchen, die immer nur für eine gewisse Zeit gelingen.«[71]

Diese Vernunft, die nach der programmatischen Formulierung Herders Sprache ist, erfüllt eine doppelte Funktion. Zum einen wendet sie sich kritisch gegen alle Konstruktionen, die ohne Bezug auf den Erfahrungsgehalt der Sprache sind; sie plädiert für die Erweiterung des Wissens, um bis zur Individualität sprachlicher, historischer oder ästhetischer Gegenstände vorzudringen und schließlich zur Individualität der Subjekte selbst, zum »ganzen Menschen«. Darin liegt ihre holistische Tendenz. Sie setzt aber zum anderen auf die Einschränkung des Wissens und plädiert für den Verzicht auf die vollständige logische Erfassung der Welt, um so Formen der Allgemeinheit herzustellen, in die das Individuelle eingereiht werden kann, ohne in einer abstrakten Allgemeinheit aufzugehen. Herder meinte es ernst mit der etymologischen Ableitung von Vernunft aus »vernehmen«: Die Vernunft soll auf die Sprache hören und sich daran erinnern lassen, daß sie immer schon in der Welt ist. Aus der Vernunft der Sprache soll sie aber eine Sprache der Vernunft machen, *»eine Philosophie der menschlichen Sprache«*, wie es bei Herder heißt. »Welch ein großes Feld! wie viel ist an ihm noch zu bemerken, zu ordnen, zu säen, zu ernten! Nächst der Mathematik ist keine Philosophie, die den Verstand so aufklärt, die Begriffe so bestimmt, als diese, sie ist die wahre Kritik der reinen Vernunft sowohl als der Phantasie; der Sinne, des Verstandes hat sie allein die *Kriterien* in sich.«[72]

Anhang

Anmerkungen

1 Herbert Schnädelbach, Artikel »Vernunft«, in: Ekkehard Martens/Herbert Schnädelbach, Philosophie. Ein Grundkurs, Bd. 1, Reinbek 1985, S. 109. Vgl. auch ders., Über historische Aufklärung, in: ders., Vernunft und Geschichte, Frankfurt/M. 1987, S. 32 ff.

2 »Über die neuere deutsche Literatur. Erste Sammlung von Fragmenten. Eine Beilage zu den Briefen, die neueste Literatur betreffend«. Die *Fragmente* sind die erste größere Veröffentlichung Herders und enthalten über den Gegenstand der Literaturkritik hinaus eine Fülle von Entwürfen und Programmen, insbesondere zur Sprachphilosophie.

3 Fritz Wefelmeyer, Glück und Aporie des Kulturtheoretikers. Zu Johann Gottfried Herder und seiner Konzeption der Kultur, in: Helmut Brackert/Fritz Wefelmeyer (Hg.), Naturplan und Verfallskritik. Zu Begriff und Geschichte der Kultur, Frankfurt/M. 1984, S. 95.

4 Zur Bedeutung der schönen Prosa für das Gesamtkonzept Herders vgl.: Ulrich Gaier, Poesie als Metatheorie. Zeichenbegriffe des frühen Herder, in: Gerhard Sauder (Hg.), Johann Gottfried Herder (1744-1803) (= Studien zum 18. Jahrhundert, Bd. 8), Hamburg 1987, S. 202-224.

5 Herder stellt die beiden Fragen der Akademie den beiden Teilen der *Abhandlung* voran. »Haben die Menschen, ihren Naturfähigkeiten überlassen, sich selbst Sprache erfinden können?« Die zweite Frage modifiziert Herder in seinem Text. In der Akademiefassung lautet sie: »Und mit welchen Mitteln werden sie zu dieser Erfindung gelangen?«

6 Fritz Wefelmeyer, Glück und Aporie des Kulturtheoretikers, a.a.O., S. 69.

7 Vgl. Ulrich Gaier, Herders Sprachphilosophie und Erkenntniskritik, Stuttgart 1988, 3. Kapitel. Die Skizze folgt der Vorlage Gaiers; die kursiv gesetzten Kennzeichnungen sind der *Abhandlung* entnommen, die Zitate stammen von Herder.

8 Die folgenden Stellenangaben aus der *Abhandlung* beziehen sich alle auf die Sigle HW I.

9 Ernst Cassirer, Versuch über den Menschen. Einführung in eine Philosophie der Kultur, Frankfurt/M. 1990, S. 50, 69.

10 »Herder scheint der erste gewesen zu sein, dem der begriffliche Zusammenhang beider Bestimmungen des Menschen, als Mängelwesen und als Fähigkeitswesen, im Unterschied zu einem empirischen Zusammenhang durch Kompensation deutlich geworden ist.« (Kuno Lorenz, Einführung in die philosophische Anthropologie, Darmstadt 1990, S. 67. Zu Gehlen vgl. ebenda, S. 64.)

11 Erich Heintel interpretiert Herders Theorie der Sprache als die sprachphilosophische Fassung der transzendentalphilosophischen Fundamentalproblematik. Das bestätigt den Rang Herders, verkennt aber doch, daß der Begriff einer sprachlich verfaßten Vernunft die Transzendentalphilosophie selbst grundlegend verändern würde. Vgl. Einleitung zu: Johann Gottfried Herder, Sprachphilosophische Schriften, hrsg. von Erich Heintel, Hamburg 1975, S. XX f.

12 Ernst Cassirer, Philosophie der symbolischen Formen, Bd. 3, 8. Aufl., Darmstadt 1982, S. 38.

13 Vgl. Wolfgang Riedel, Erkennen und Empfinden. Anthropologische Achsendrehung und Wende zur Ästhetik bei Johann Georg Sulzer, in: Hans-Jürgen Schings (Hg.), Der ganze Mensch. Anthropologie und Literatur im 18. Jahrhundert. DFG-Symposium 1992, Stuttgart/Weimar 1994, S. 410-439.

14 Das *Vierte Kritische Wäldchen* von 1769 wird gelegentlich als ästhetische Theorie gelesen. Hans Adler hat aber darauf hingewiesen, daß diese Ansätze aus den frühen Arbeiten, zu denen auch die *Plastik* gehört, erst im Hinblick auf das spätere Psychologiekonzept ihr Gewicht entfalten, während die Psychologie wiederum aus der Metaphysikkritik hervorgeht. »Der Ausweis dieser Verflechtungen im Werk Herders macht die Suche nach einem ›kanonischen‹ Text dieses Autors zur Ästhetik sinnlos.« (Hans Adler, Die Prägnanz des Dunklen. Gnoseologie, Ästhetik, Geschichtsphilosophie bei Herder (= Studien zum Achtzehnten Jahrhundert, Bd. 13), Hamburg 1990, S. 88.)

15 Ebenda.

16 Ebenda, S. 100.

17 Ebenda, S. 57.

18 Diese Erweiterungsprogramme tragen unterschiedliche Titel. So spricht Sulzer von »empirischer Psychologie«, die das Dunkle der Seele erforschen soll. »Da nun die Kenntnis der menschlichen Seele der edelste Theil der Wissenschaften ist, so ist die Erweiterung der empirischen Psychologie den Liebhabern der Weltweisheit bestens zu empfehlen. Insonderheit möchten wir sie erinnern, die genaueste Aufmerksamkeit auf die dunkeln Gegenden der Seele (wenn man so sagen kann) zu richten; wo sie durch sehr undeutliche und dunkle Begriffe handelt.« (Johann Georg Sulzer, Kurzer Begriff aller Wißenschaften und andern Theile der Gelehrsamkeit, worin jeder nach seinem Inhalt, Nutzen und Vollkommenheit kürzlich beschrieben wird, 2. Aufl., Leipzig 1759, S. 159.)

19 Hans Adler, Aisthesis, steinernes Herz und geschmeidige Sinne, in: Hans-Jürgen Schings (Hg.), Der ganze Mensch, a.a.O., S. 99. Adler hat aber auch deutlich gemacht, daß diese Umkehrung nicht einfach darin besteht, Wissen aus abstrakten Prinzipien durch Empirie zu ersetzen, »sondern darin, beides zueinander in Beziehung zu setzen, um die Ergebnisse der cognitio historica, die ›Erkenntnis dessen, was ist und geschieht‹, umzuwandeln in die Erkenntnis, ›warum etwas ist und geschieht‹, und erstere in letzterer, der cognitio philosophica, aufzuheben« (ebenda).

20 Herder ist weit davon entfernt, Erkenntnis sensualistisch aufzulösen. Die Logik der Empfindung steht für den einen der »beiden äußersten Gedanken unserer Zwittermenschheit«: für die Überzeugungskraft des sinnlichen Seins. Der andere Gedanke dagegen hat die Beweiskraft von Begriffen, die aus abstrakten Prinzipien gewonnen werden. (Vgl. HW I, 11)

21 Ulrich Gaier, Kommentar, in: HW I, 849.

22 Ulrich Gaier hat im *Versuch über das Sein* zu Recht den philosophischen Grundriß gesehen, den Herder in den folgenden drei Jahrzehnten kontinuierlich umsetzt. Vgl. Kommentar, in: HW I, 844-850.

23 Hier zeichnet sich schon ab, daß Herder der Transzendentalphilosophie Kants nicht folgen wird, darauf hat Ulrich Gaier hingewiesen. »Die Begriffe von Raum, Zeit und Kraft, der sinnlichen Seinserfahrung am nächsten stehend, werden nicht wie bei Kant zu transzendentalen Bedingungen der Möglichkeit des Wahrnehmens (Raum,

Zeit) und Denkens (Kategorie der Kausalität statt Herders ›Kraft‹), sondern behalten ihre sinnenhafte Gewißheit.« (HW I, 848)

24 In einem Brief an einen Freund heißt es: »Hier haben Sie, edler Freund, meine Abhandlung, wie ich sie der Akademie eingesandt u. wie sie den Preis nicht bekommen *wird, soll u. darf.*« (HW IV, 1078)

25 Arnold Gehlen, Der Mensch. Seine Natur und seine Stellung in der Welt, 13. Aufl., Wiesbaden 1986, S. 214.

26 »[...] daß es zwei Stämme der menschlichen Erkenntnis gebe, die vielleicht aus einer gemeinschaftlichen, aber uns unbekannten Wurzel entspringen, nämlich Sinnlichkeit und Verstand, durch deren ersteren uns Gegenstände gegeben, durch den zweiten aber gedacht werden.« (Immanuel Kant, Kritik der reinen Vernunft, B 29.)

27 »Unser Inneres wird ein fortwährendes *sensorium commune* aller Sinne. Wir stehen im Strom, umfluthet von den Eindrücken einer Kräftereichen, sich uns mittheilenden Welt. Indem wir hören, sehen und fühlen wir auch; wir sind zu Einer und derselben Zeit in verschiedenen Weisen vielfach berührte *Empfindungsorgane.*« (SW XXI, 83)

28 Hans Adler, Die Prägnanz des Dunklen, a.a.O., S. 91.

29 Ebenda.

30 Diese Notiz (um 1766) stammt aus einem unveröffentlichten Text mit dem Titel *Ueber die Ästhetik.* Vgl. Hans Dietrich Irmscher, Zur Ästhetik des jungen Herder, in: Gerhard Sauder (Hg.), Johann Gottfried Herder, a.a.O., S. 45.

31 Genauer hat Plessner von einer »Aesthesiologie des Geistes« gesprochen, um sein Programm von der Psychophysiologie abzugrenzen. Dabei hat er sich auch auf Herders *Abhandlung* und auf seine Schrift *Vom Erkennen und Empfinden der menschlichen Seele* bezogen. Vgl. Hans Dietrich Irmscher, Zur Ästhetik des jungen Herder, a.a.O., S. 59f.

32 Als Hauptsinne gelten Gesicht, Gehör und Tastsinn, die dann einer Typologie sinnlicher Artikulation zugeordnet sind. Gesicht: Das Auge gliedert seine Gegenstände zweidimensional in Flächen; nebeneinander auf der Fläche. Gehör: Das Ohr ist organisiert nach dem Prinzip der Sukzession, wobei Herder Gleichzeitigkeitsbeziehungen ausschließt, was dann Auswirkungen auf seine Musikästhetik hat. Tastsinn: Wahrnehmung dreidimensionaler Körper, ausgerichtet am Be-

griff »körperlicher Wahrheit«. Vgl. Hans Dietrich Irmscher, Zur Ästhetik des jungen Herder, a.a.O., S. 61-63.

33 Herder selbst hat zur *Plastik* mitgeteilt, er habe sie größtenteils in den Jahren 1768-1770 geschrieben.

34 Vgl. dazu Hans Adler, Die Prägnanz des Dunklen, a.a.O., S. 39ff.

35 Ebenda, S. 103.

36 Inka Mülder-Bach, Eine »neue Logik für den Liebhaber«: Herders Theorie der Plastik, in: Hans-Jürgen Schings (Hg.), Der ganze Mensch, a.a.O., S. 368.

37 Ebenda, S. 355.

38 Vgl. zum Verhältnis von Geschichte und Vernunft: Herbert Schnädelbach, Über die Vernünftigkeit der Geschichte und die Geschichtlichkeit der Vernunft, in: ders., Vernunft und Geschichte. Vorträge und Abhandlungen, Frankfurt/M. 1987, S. 9-20.

39 Josef Simon, Herder und Kant, in: Gerhard Sauder (Hg.), Johann Gottfried Herder (1744-1803), a.a.O., S. 4.

40 Grawe hat dargelegt, wie entschieden die *Ideen* Positionen der modernen Kulturanthropologie vorausnehmen: Christian Grawe, Herders Kulturanthropologie. Die Philosophie der Geschichte der Menschheit im Lichte der modernen Kulturanthropologie, Bonn 1967. Vgl. insbesondere das 4. Kapitel.

41 Martin Bollacher, in: HW VI, 922.

42 Goethes Werke, Hamburger Ausgabe, hrsg. von Erich Trunz, Bd. 9, 4. Aufl., Hamburg 1961, S. 491.

43 Vgl. die Vorrede der *Ideen*: HW VI, 17. Vgl. zur Analogie: Hans Dietrich Irmscher, Beobachtungen zur Analogie im Denken Herders, in: Deutsche Vierteljahresschrift für Literaturwissenschaft und Geistesgeschichte, 55, 1981, S. 64-97.

44 Martin Bollacher, »Natur« und »Vernunft« in Herders Entwurf einer Philosophie der Geschichte der Menschheit, in: Gerhard Sauder (Hg.), Johann Gottfried Herder (1744-1803), a.a.O., S. 119.

45 »Die *botanische Philosophie*, die Pflanzen nach der Höhe und Beschaffenheit des Bodens, der Luft, des Wassers, der Wärme ordnet, ist also eine augenscheinliche Leiterin zu einer ähnlichen Philosophie in Ordnung der Tiere und Menschen.« (HW VI, 63)

46 Gadamer hat gezeigt, wie zentral die Kategorie der Kraft in der historischen Weltsicht schon bei Herder und später bei Ranke ist.

»Denn Kraft, die mehr ist als ihre Äußerung, ist immer schon Freiheit. Das ist für den Historiker von entscheidender Bedeutung. Er weiß: Alles hätte auch anders kommen können, jedes handelnde Individuum hätte auch anders handeln können. Die Kraft, die Geschichte macht, ist nicht ein mechanisches Moment.« (Hans-Georg Gadamer, Wahrheit und Methode, 4. Aufl., Tübingen 1975, S. 193. Vgl. auch Nachwort, in: Johann Gottfried Herder, Auch eine Philosophie der Geschichte zur Bildung der Menschheit, Frankfurt/M. 1967, S. 146-177.)

47 Allerdings finden sich auch mißverständliche Formulierungen zur Frage der Evolution, so heißt es z.B. vom Schwarzen, sein »Gesicht bekam von fern die Ähnlichkeit der Konformation zum Affenschädel« (HW VI, 235). Kant hat kritisiert, daß Herder die Möglichkeit einer durchgehenden genetischen Verwandtschaft der Arten nicht eindeutig genug zurückgewiesen habe, eine ungeheure Idee, »bei der sich gar nichts denken läßt«. (Immanuel Kant, Werke, hrsg. von Wilhelm Weischedel, Bd. 10, Darmstadt 1970, S. 796.)

48 Bemerkenswert ist, daß Herder sich nicht auf die biblische Schöpfungsgeschichte beruft. Um aber doch die Entstehung des Menschen erzählbar zu machen, gibt er ihn als Werk der »bildenden Mutter« aus: »Mütterlich bot sie ihrem letzten künstlichen Geschöpf die Hand und sprach: ›steh auf von der Erde!‹« (HW VI, 115)

49 Zum Kulturbegriff in Herders Kulturtheorie vgl.: Christian Grawe, Herders Kulturanthropologie, a.a.O., S. 117-131.

50 Martin Bollacher, Kommentar, in: HW VI, 928.

51 Ebenda, S. 929.

52 Ders., »Natur« und »Vernunft« in Herders Entwurf einer Philosophie der Geschichte der Menschheit, a.a.O., S. 121.

53 Immanuel Kant, Rezension zu Johann Gottfried Herders Ideen, in: ders., Werke, Bd. 12, a.a.O., S. 779-806.

54 Ernst Cassirer, Freiheit und Form, 4. Aufl., Darmstadt 1961, S. 124.

55 »Herder brauchte nur wenig über die von Winckelmann gelegte Grundlage hinauszugehen und das dialektische Verhältnis von Musterhaftigkeit und Unwiederholbarkeit in aller Vergangenheit zu erkennen, um der teleologischen Geschichtsbetrachtung der Aufklärung eine universale historische Weltansicht entgegenzusetzen.« (Hans-Georg Gadamer, Wahrheit und Methode, a.a.O., S. 188.)

56 Odo Marquard, Artikel »Anthropologie«, in: Joachim Ritter/Karlfried Gründer (Hg.), Historisches Wörterbuch der Philosophie, Bd. 1, Darmstadt 1971, Sp. 363.

57 Vgl. ebenda, Sp. 366.

58 Ebenda.

59 Ernst Platner, zit. nach: Hans-Jürgen Schings, Der ganze Mensch, a.a.O., S. 5.

60 Ebenda, S. 1.

61 Hartmut Böhme, in: Hans-Jürgen Schings, Der ganze Mensch, a.a.O., S. 139. Böhme beschreibt die Aporien im Konzept der anthropologischen Einheitswissenschaft und die gegenläufigen Prozesse im 18. Jahrhundert: Erfahrungsdruck, Akzeleration der Konzeptbildungen, Ausdifferenzierung der Wissenschaften. (Vgl. ebenda, S. 139 ff.)

62 Herbert Schnädelbach, Über historische Aufklärung, in: ders., Vernunft und Geschichte. Vorträge und Abhandlungen, Frankfurt/M. 1987, S. 34.

63 Johann Gottfried Herder, zit. nach: Hans Adler, Die dunkle Prägnanz, a.a.O., S. 164.

64 Ernst Cassirer, Versuch über den Menschen, a.a.O., S. 50.

65 Ebenda, S. 69.

66 Wilhelm Perpeet, Zur Wortbedeutung von Kultur, in: Helmut Brackert/Fritz Wefelmeyer, Naturplan und Verfallskritik, a.a.O., S. 21-45.

67 Vgl. ebenda, S. 24.

68 Die Begriffssprachen von Descartes bis Frege sind nicht aus der Analyse der Sprache, sondern der logischen Urteilsfunktion hervorgegangen, die als sprachunabhängig galt. Herder hat dagegen mit der Sprachbindung der Vernunft Ernst gemacht. »Wenn wir unsere Begriffe der menschlichen Sprache verdanken, dann kommen wir mit ihnen nicht über Sprache hinaus zu Gegenständen, die uns sprachunabhängig in den Formen von Raum und Zeit gegeben seien, und dann kommen wir folglich auch nicht zu einem Gegenstand Sprache, den wir als die Sprache aller bestimmen können.« (Josef Simon, Herder und Kant. Sprache und »historischer Sinn«, in: Gerhard Sauder (Hg.), Johann Gottfried Herder (1744-1803), a.a.O., S. 3-13, hier S. 5.

69 Vgl. ebenda S. 6 f.

70 Ebenda, S. 7.

71 Ebenda, S. 10.

72 SW XXI, 25, Anm. 1 Dieser Absatz ist im Manuskript gestrichen, in *Johann Gottfried Herder zur Einführung* sollte er nicht fehlen.

Literaturhinweise

1. Siglen

SW: Herders Sämtliche Werke, Bd. 1-33, hrsg. von Bernhard Suphan, Berlin 1877-1913.

HW: Johann Gottfried Herder, Werke (10 Bände geplant), hrsg. von Martin Bollacher/Jürgen Brummack u.a., Frankfurt/M. 1986 ff.

2. Sekundärliteratur

Hans Adler, Die Prägnanz des Dunklen. Gnoseologie, Ästhetik, Geschichtsphilosophie bei Herder (= Studien zum Achtzehnten Jahrhundert, Bd. 13), Hamburg 1990.

Günter Arnold, Johann Gottfried Herder, 2. Aufl., Leipzig 1988.

Eberhard Berg, Johann Gottfried Herder (1744-1803), in: Wolfgang Marschall (Hg.), Klassiker der Kulturanthropologie, München 1990, S. 51-68.

Martin Bollacher, »Natur« und »Vernunft« in Herders Entwurf einer Philosophie der Geschichte der Menschheit, in: Gerhard Sauder (Hg.), Johann Gottfried Herder (1744-1803) (= Studien zum Achtzehnten Jahrhundert), Hamburg 1987, S. 114-124.

Ernst Cassirer, Freiheit und Form, 4. Aufl., Darmstadt 1961.

Ders., Philosophie der symbolischen Formen, Bd. 3, 8. Aufl., Darmstadt 1982.

Ders., Versuch über den Menschen. Einführung in eine Philosophie der Kultur, Frankfurt/M. 1990.

Hans-Georg Gadamer, Nachwort, in: Johann Gottfried Herder, Auch eine Philosophie der Geschichte zur Bildung der Menschheit, Frankfurt/M. 1967, S. 146-177.

Ders., Wahrheit und Methode. Grundzüge einer philosophischen Hermeneutik, 4. Aufl., Tübingen 1975.

Ulrich Gaier, Herders Sprachphilosophie und Erkenntniskritik, Stuttgart 1988.

Ders., Johann Gottfried Herder (1744-1803), in: Tilman Borsche (Hg.), Klassiker der Sprachphilosophie, München 1996, S. 215-232.

Ders., Poesie als Metatheorie. Zeichenbegriffe des frühen Herder, in: Gerhard Sauder (Hg.), Johann Gottfried Herder (1744-1803), a.a.O., S. 202-224.

Arnold Gehlen, Der Mensch. Seine Natur und seine Stellung in der Welt, 13. Aufl., Wiesbaden 1986.

Christian Grawe, Herders Kulturanthropologie. Die Philosophie der Geschichte der Menschheit im Lichte der modernen Kulturanthropologie, Bonn 1967.

Rudolf Haym, Herder nach seinem Leben und seinen Werken, 2 Bde., Berlin 1880/85 (Neudruck Osnabrück 1978).

Erich Heintel, Einleitung zu: Johann Gottfried Herder, Sprachphilosophische Schriften, hrsg. von Erich Heintel, Hamburg 1975, S. XV-LXII.

Hans Dietrich Irmscher, Zur Ästhetik des jungen Herder, in: Gerhard Sauder (Hg.), Johann Gottfried Herder (1744-1803), a.a.O., S. 43-76.

Ders., Johann Gottfried Herder, Stuttgart 2001.

Friedrich Wilhelm Kantzenbach, Johann Gottfried Herder, Reinbek 1970.

Wulf Koepke (Hg.), Johann Gottfried Herder. Innovator Through the Ages, Bonn 1982.

Inka Mülder-Bach, Eine »neue Logik für den Liebhaber«: Herders Theorie der Plastik, in: Hans-Jürgen Schings (Hg.), Der ganze Mensch. Anthropologie und Literatur im 18. Jahrhundert. DFG-Symposium 1992, Stuttgart/Weimar 1994, S. 341-370.

Wolfgang Riedel, Erkennen und Empfinden. Anthropologische Achsendrehung und Wende zur Ästhetik bei Johann Georg Sulzer, in: Hans-Jürgen Schings (Hg.), Der ganze Mensch. Anthropologie und Literatur im 18. Jahrhundert. DFG-Symposium 1992, Stuttgart/Weimar 1994, S. 410-439.

Hans-Jürgen Schings (Hg.), Der ganze Mensch. Anthropologie und Literatur im 18. Jahrhundert. DFG-Symposium 1992, Stuttgart/Weimar 1994.

Herbert Schnädelbach, Vernunft und Geschichte. Vorträge und Abhandlungen, Frankfurt/M. 1987.

Ders., »... daß p. Über Intentionalität und Sprache«, in: Philosophie in der modernen Kultur, Frankfurt/M. 2000.

Oswald Schwemmer, Die kulturelle Existenz des Menschen, Berlin 1997.

Josef Simon, Herder und Kant, in: Gerhard Sauder (Hg.), Johann Gottfried Herder (1744-1803), a.a.O., S. 3-13.

Fritz Wefelmeyer, Glück und Aporie des Kulturtheoretikers. Zu Johann Gottfried Herder und seiner Konzeption der Kultur, in: Helmut Brackert/Fritz Wefelmeyer (Hg.), Naturplan und Verfallskritik. Zu Begriff und Geschichte der Kultur, Frankfurt/M. 1984.

Michael Zaremba, Johann Gottfried Herder, Köln/Weimar 2002.

Zeittafel

1744	Johann Gottfried Herder wird am 25. August in Mohrungen/Regierungsbezirk Königsberg geboren.
1762	Beginn des Theologiestudiums in Königsberg; Besuch der Vorlesungen Kants.
1764	Berufung an die Domschule in Riga. Bekanntschaft mit Hamann. *Versuch über das Sein.*
1765	*Fragmente einer Abhandlung über die Ode.*
1766-67	*Über die neuere deutsche Literatur. Fragmente.*
1769	*Kritische Wälder oder Betrachtungen, die Wissenschaft und Kunst des Schönen betreffend.* Studien und Entwürfe zur *Plastik.*
1770	Bekanntschaft mit Goethe in Straßburg.
1771	Konsistorialrat beim Grafen von Schaumburg-Lippe in Bückeburg. Die *Abhandlung über den Ursprung der Sprache* wird von der Berliner Akademie preisgekrönt.
1773	Heirat mit Caroline Flachsland. *Von deutscher Art und Kunst.*
1774	*Auch eine Philosophie der Geschichte zur Bildung der Menschheit.*
1774-76	*Älteste Urkunde des Menschengeschlechts.*
1776	Generalsuperintendent in Weimar.
1778	*Plastik; Vom Erkennen und Empfinden der menschlichen Seele.*
1784	*Ideen zur Philosophie der Geschichte der Menschheit*, erster und zweiter Teil.
1787	*Ideen*, dritter Teil; *Gott. Einige Gespräche.*
1791	*Ideen*, vierter Teil.
1793-97	*Briefe zur Beförderung der Humanität.*
1796	Bekanntschaft mit Jean Paul.
1799	*Metakritik zur Kritik der reinen Vernunft.*
1800	*Kaligone.*
1803	Am 18. Dezember stirbt Herder.
1846	Postum erscheint das *Journal meiner Reise im Jahre 1769.*

Jens Heise, geb. 1949, Privatdozent am Institut für Philosophie, Humboldt-Universität zu Berlin. Buchveröffentlichungen: Traumdiskurse. Die Träume der Philosophie und die Psychologie des Traums, 1989; Die kühle Seele. Selbstinterpretationen der japanischen Kultur, 1990 (Hg.); Die Philosophie Japans, 1995 (zusammen mit Peter Pörtner); Präsentative Symbole. Elemente einer Philosophie der Kulturen, 1998.

In der Reihe »Zur Einführung« im Junius Verlag bisher erschienen:

Theodor W. Adorno
von Gerhard Schweppenhäuser

Giorgio Agamben
von Eva Geulen

Hans Albert
von Eric Hilgendorf

Karl-Otto Apel
von Walter Reese-Schäfer

Hannah Arendt
von Karl-Heinz Breier

Aristoteles
von Christof Rapp

Augustinus
von Johann Kreuzer

Roland Barthes
von Gabriele Röttger-Denker

Georges Bataille
von Peter Wiechens

Jean Baudrillard
von Falko Blask

Walter Benjamin
von Sven Kramer

Henri Bergson
von Gilles Deleuze

Hans Blumenberg
von Franz Josef Wetz

Pierre Bourdieu
von Markus Schwingel

Martin Buber
von Siegbert Wolf

Judith Butler
von Hannelore Bublitz

Ernst Cassirer
von Heinz Paetzold

E.M. Cioran
von Richard Reschika

Auguste Comte
von Gerhard Wagner

Gilles Deleuze
von Michaela Ott

Jacques Derrida
von Heinz Kimmerle

René Descartes
von Peter Prechtl

John Dewey
von Martin Suhr

Wilhelm Dilthey
von Matthias Jung

In der Reihe »Zur Einführung« im Junius Verlag bisher erschienen:

Johannes Duns Scotus
von M. Dreyer/M.B. Ingham

Meister Eckhart
von Norbert Winkler

Mircea Eliade
von Richard Reschika

Norbert Elias
von Ralf Baumgart/Volker Eichener

Epikur
von Carl-Friedrich Geyer

Amitai Etzioni
von Walter Reese-Schäfer

Paul K. Feyerabend
von Eberhard Döring

Johann Gottlieb Fichte
von Helmut Seidel

Michel Foucault
von Philipp Sarasin

Gottlob Frege
von Markus S. Stepanians

Sigmund Freud
von Hans-Martin Lohmann

Hans-Georg Gadamer
von Udo Tietz

Arnold Gehlen
von Christian Thies

Johann Wolfgang von Goethe
von Peter Matussek

Jürgen Habermas
von Detlef Horster

Nicolai Hartmann
von Martin Morgenstern

Georg Wilhelm Friedrich Hegel
von Herbert Schnädelbach

Martin Heidegger
von Günter Figal

Johann Friedrich Herbart
von Matthias Heesch

Johann Gottfried Herder
von Jens Heise

Thomas Hobbes
von Wolfgang Kersting

Max Horkheimer
von Rolf Wiggershaus

Edmund Husserl
von Peter Prechtl

William James
von Rainer Diaz-Bone/Klaus Schubert

In der Reihe »Zur Einführung« im Junius Verlag bisher erschienen:

Karl Jaspers
von Werner Schüßler

C.G. Jung
von Micha Brumlik

Immanuel Kant
von Jean Grondin

Sören Kierkegaard
von Konrad Paul Liessmann

Friedrich Kittler
von Geoffrey Winthrop-Young

Lawrence Kohlberg
von Detlef Garz

Heinz Kohut
von Ralph J. Butzer

Konfuzius
von Xuewu Gu

Siegfried Kracauer
von Gertrud Koch

Jacques Lacan
von Gerda Pagel

Gottfried Wilhelm Leibniz
von Hans Poser

Emmanuel Lévinas
von Bernhard H.F. Taureck

Claude Lévi-Strauss
von Edmund Leach

John Locke
von Walter Euchner

Niklas Luhmann
von Walter Reese-Schäfer

Jean-François Lyotard
von Walter Reese-Schäfer

Niccolò Machiavelli
von Quentin Skinner

Karl Mannheim
von Wilhelm Hofmann

Karl Marx
von Flechtheim/Lohmann

Maurice Merleau-Ponty
von Christian Bermes

Michel de Montaigne
von Peter Burke

Thomas Morus
von Dietmar Herz

Friedrich Nietzsche
von Wiebrecht Ries

Charles Sanders Peirce
von Helmut Pape

In der Reihe »Zur Einführung« im Junius Verlag bisher erschienen:

Jean Piaget
von Ingrid Scharlau

Platon
von Barbara Zehnpfennig

Helmuth Plessner
von Kai Haucke

Willard Van Orman Quine
von Geert Keil

John Rawls
von Wolfgang Kersting

Paul Ricœur
von Jens Mattern

Jean-Jacques Rousseau
von Günther Mensching

Jean-Paul Sartre
von Martin Suhr

Max Scheler
von Angelika Sander

Friedrich W.J. Schelling
von Franz Josef Wetz

Carl Schmitt
von Reinhard Mehring

Arthur Schopenhauer
von Volker Spierling

Sokrates
von Christoph Kniest

Baruch de Spinoza
von Helmut Seidel

Rudolf Steiner
von Gerhard Wehr

Botho Strauß
von Stefan Willer

Leo Strauss
von Clemens Kauffmann

Charles Taylor
von Ingeborg Breuer

Thomas von Aquin
von Rolf Schönberger

Christian Thomasius
von Peter Schröder

Paul Tillich
von Gerhard Wehr

Alexis de Tocqueville
von Michael Hereth

Paul Valéry
von Ralph-Rainer Wuthenow

Eric Voegelin
von Michael Henkel

In der Reihe »Zur Einführung« im Junius Verlag bisher erschienen:

Michael Walzer
von Skadi Krause/Karsten Malowitz

Max Weber
von Volker Heins

Alfred North Whitehead
von Michael Hauskeller

Ludwig Wittgenstein
von Chris Bezzel

Slavoj Žižek
von Rex Butler

Analytische Philosophie
von Albert Newen

Angewandte Ethik
von Urs Thurnherr

Antike politische Philosophie
von Walter Reese-Schäfer

Argumentationstheorie
von Josef Kopperschmidt

Buddhismus
von Jens Schlieter

Computerphilosophie
von Klaus Mainzer

Erkenntnistheorie
von Herbert Schnädelbach

Die europäischen Moralisten
von Robert Zimmer

Feministische Ethik
von Saskia Wendel

Feministische Theorien
von R. Becker-Schmidt/G.-A. Knapp

Geschichtsphilosophie
von Johannes Rohbeck

Grundbegriffe der Ethik
von Gerhard Schweppenhäuser

In der Reihe »Zur Einführung« im Junius Verlag bisher erschienen:

Hermeneutik
von Matthias Jung

Historische Anthropologie
von Jakob Tanner

Interkulturelle Philosophie
von Heinz Kimmerle

Islam
von Peter Heine

Kulturphilosophie
von Ralf Konersmann

Medientheorien
von Dieter Mersch

Moralbegründungen
von Konrad Ott

Phänomenologie
von Ferdinand Fellmann

Rechtsphilosophie
von Detlef Horster

Taoismus
von Florian C. Reiter

Wissenschaftstheorie
von Martin Carrier